U0961320

一、听力理解

（30 题，约 20 分钟）

第一部分

扫一扫，🎧 1—30

说明：1 ～ 10 题，这部分试题，你在听到录音中的一句话后，请根据说话的内容，在 A B C D 四个备选答案中选出与这句话搭配最恰当的一句话。

例如：第 6 题，你听到：

女：她要借你的铅笔，你怎么不借呢？

你在试卷上看到四个答案：

A 我会答应的

B 我也忘带了

C 她想用新的

D 她借给我了

第 6 题最恰当的答案是 B，你应在答题卡上找到号码 6，在字母 B 上画一横道。横道一定要画得粗一些，重一些。

6. [A] ■ [C] [D]

1. A 你爸爸真好
   B 我有 5 本书
   C 这首诗很美
   D 写小说很累

2. A 在上海买的
   B 买了两年了
   C 写的字很漂亮
   D 这儿有一支笔

3. A 裙子很漂亮
   B 她个子真高
   C 红色真鲜艳
   D 我不认识啊

4. A 我刚知道的
   B 听说会下雨
   C 太阳出来了
   D 明天要出门

5. A 天黑了
   B 路很滑
   C 放心吧
   D 小心点儿

6. A 一路平安
   B 好好儿休息
   C 老师很辛苦
   D 你病得很重

1 • 1 • 1 • 1 • 1 • 1 • 1

7．A 车站真漂亮
B 没买到车票
C 人多很热闹
D 走路太累了

8．A 东西很多
B 都很好吃
C 我不太舒服
D 看起来很像

9．A 失败了
B 做完了
C 毕业了
D 有经验

10．A 昨天天气很好
B 晚会办得很好
C 我们练了好久
D 跳集体舞很累

2 • 2 • 2 • 2 • 2 • 2 • 2

二、阅读理解

第一部分

（15 题，15 分钟）

说明：31 ～ 45 题，每题中都有一个空儿，每个空儿都有 A B C D 四个答案，请根据句子前后的意思选出最恰当的答案填上，并在答题卡上找到试题号码，在代表正确答案的字母上画一横道。

31. 她____女儿非常关心，只要女儿健康、快乐，她就心满意足了。
    A 把
    B 对
    C 用
    D 向

32. 我放学____进家门，邻居家的小伙伴就来找我下棋了。
    A 刚
    B 边
    C 光
    D 还

33. 他们____到达车站，赶上了那趟火车。
    A 及时
    B 赶快
    C 急忙
    D 正在

34. 他突然气冲冲地冲出了教室，这____是怎么回事呢？
    A 本来
    B 大概
    C 究竟
    D 终于

35. 地球是我们的家园，____我们要保护环境。
    A 不料
    B 而且
    C 甚至
    D 因而

36. 昨天有一____飞机经过上空。
    A 个
    B 架
    C 次
    D 行

2 • 2 • 2 • 2 • 2 • 2 • 2

37. 老师一再告诉我做题要细心，这次考试我一____又错了好几道题。
A 担心
B 紧张
C 犹豫
D 马虎

38. 全家人在一起的那些日子真____！
A 美丽
B 幸运
C 美好
D 漂亮

39. 小明用他那双明亮的大眼睛____地观察着水里的小鱼。
A 正确
B 专心
C 注意
D 正式

40. 今天上课学习的____需要同学们下课后再认真复习一遍。
A 内容
B 课本
C 课堂
D 教室

41. 你____下班几点到家？
A 日常
B 平时
C 实际
D 同时

42. 不管妈妈会做出什么决定，都是为了孩子的____考虑。
A 前方
B 途径
C 道路
D 前途

43. 他快速地____打着电脑键盘，一会儿工夫就写完作文了。
A 拍
B 摔
C 敲
D 击

44. 我暑假想去北京看姑姑，要是爸爸能____我这个愿望就好了。
A 充满
B 充足
C 满意
D 满足

45. 对我来说，天天闲着没事做太____了。
A 不老实
B 没意思
C 没什么
D 对不起

2 • 2 • 2 • 2 • 2 • 2 • 2

51 ～ 53

一家大商场要搞活动，门口挤满了人。时间到了，商场却不敢开门，因为人太多了，怕人挤人发生问题。可是，一直排队等在门口的顾客们不愿意了，说大家等了这么久很辛苦；商场里的工作人员有的说这么办，有的说那么办，吵吵嚷嚷，没有统一的意见。这时，只见一个年轻人搬出来一把椅子，放到大门口。他站到椅子上，大声喊道："大家想参加商场的活动，但大家更想平平安安的吧？那就听我的口令，每人往后退5步，站好队！一、二、三、四、五！"人们有秩序地后退，重新排好队。然后，商场的大门也打开了。

原来，解决问题就是这样简单，只需要搬把椅子并站上去。

【51】在商场门口排队的人是为了：

A 来商场上班

B 到商场买椅子

C 参加商场的活动

D 帮助商场解决问题

【52】商场没有开门的原因是：

A 人们不排队

B 担心不安全

C 时间还没到

D 没有东西卖

【53】本文主要说的是：

A 不要参加活动

B 商场不应搞活动

C 年轻人会解决问题

D 解决问题要采取行动

2 • 2 • 2 • 2 • 2 • 2 • 2

54 ～ 56

一家大饭店进行公开的招聘，想招一名副经理。由于要求的标准很高，许多年轻人都没有通过。

经过一再挑选，一个名叫刘良的年轻人引起了饭店经理的注意。最后一次面试前，经理找刘良谈了三次，并且问了他一个让人意想不到的问题："假如我们让你先去清理厕所，你愿意吗？"

还未等刘良说话，坐在刘良旁边的妻子笑着说："我们家的厕所一直都是他清理的。"

经理听了十分高兴，免去了最后的面试，决定录用刘良。

后来，刘良才知道，这家大饭店培训新员工的第一堂课都是从清理厕所开始的，因为只有先从最基本的、细小的工作开始做起，才有可能了解"以家为尊"的道理。刘良后来成了有名的企业家，就是因为一开始就能从小事做起，做别人不愿做的事情。

【54】根据本文，大饭店要招聘：

A 经理

B 副经理

C 清洁工

D 企业家

【55】经理免去了最后的面试，是因为：

A 刘良不爱说话

B 刘良表现很优秀

C 听了刘良妻子的话

D 见了刘良特别高兴

【56】本文告诉我们的道理是：

A 成功从做好小事开始

B 人什么事都要学会做

C 努力做大事才能成功

D 想要成功并不太容易

MHK
中国少数民族汉语水平等级考试仿真试卷（一）

［一级］

卷Ⅱ

书 面 表 达

第二部分

（作文，20 分钟）

作 文 要 求
1. 写作前认真阅读作文提示，按提示要求在规定的时间内写完。
2. 每个空格写一个汉字，汉字书写要清楚工整；每个标点符号占一个空格，标点符号使用要规范。
3. 作文中不得出现跟考生有关的校名、地名和真人姓名。
4. 保持卷面整洁，不得涂划损坏答卷。

作文提示：

爸爸、妈妈等人都不在家，只有你一个人在家……

请你以日记的形式，展开丰富的联想，写一写你自己一个人待在家里的经历。150 字左右。

一、听力理解

（30 题，约 20 分钟）

第一部分

扫一扫，1—30

说明：1 ～ 10 题，这部分试题，你在听到录音中的一句话后，请根据说话的内容，在 A B C D 四个备选答案中选出与这句话搭配最恰当的一句话。

例如：第 6 题，你听到：

女：她要借你的铅笔，你怎么不借呢？

你在试卷上看到四个答案：

A 我会答应的

B 我也忘带了

C 她想用新的

D 她借给我了

第 6 题最恰当的答案是 B，你应在答题卡上找到号码 6，在字母 B 上画一横道。横道一定要画得粗一些，重一些。

6. [A] ■ [C] [D]

1. A 便宜多了
   B 便宜不便宜
   C 我喜欢水果
   D 水果很好吃

2. A 这本书好看
   B 我买两本书
   C 我喜欢看书
   D 这家书店大

3. A 别着急啊
   B 去那里了
   C 一起去吧
   D 快点儿走

4. A 她经常来
   B 我知道你
   C 我来过一次
   D 同学告诉我的

5. A 谢谢您
   B 火车快
   C 不客气
   D 人很多

6. A 麻烦您了
   B 李主任不在
   C 好的，请稍等
   D 王主任很不错

7. A 收拾房间
   B 还有时间
   C 收拾一下
   D 快点儿收拾

8. A 太好了
   B 没什么
   C 很难的题
   D 哪个题难

9. A 情况不同
   B 了解一下
   C 不太清楚
   D 熟悉一下

10. A 没问题
    B 汉英词典
    C 我不太了解
    D 词典很好用

2 • 2 • 2 • 2 • 2 • 2 • 2

二、阅读理解

第一部分

（15 题，15 分钟）

说明：31 ～ 45 题，每题中都有一个空儿，每个空儿都有 A B C D 四个答案，请根据句子前后的意思选出最恰当的答案填上，并在答题卡上找到试题号码，在代表正确答案的字母上画一横道。

31. 小红上学后____在家时懂事多了。
A 跟
B 和
C 比
D 同

32. 他连普通话都不会说，更____说英语了。
A 单
B 别
C 不
D 光

33. 看到妈妈每天为我操劳，我____流下了眼泪。
A 到底
B 从此
C 不光
D 不禁

34. 快期末考试了，我得____制订一个学习计划。
A 顺便
B 重新
C 正在
D 最好

35. 他各门功课都很优秀，____，电脑操作也很熟练。
A 此外
B 但是
C 然而
D 或者

36. 晚上我们去看了一____电影。
A 趟
B 点
C 场
D 回

2 • 2 • 2 • 2 • 2 • 2 • 2

37. 一个人如果没有____打算，问题很快就会出现。
A 灵活
B 有利
C 有力
D 长远

38. 小明 8 岁就开始帮父母做家务了，真是个____的孩子。
A 聪明
B 懂事
C 成熟
D 艰苦

39. 其实这个问题很简单，它没你想的那么____。
A 复杂
B 正式
C 美好
D 激烈

40. 他是个有____的人，然而知道他的人并不多。
A 光荣
B 光明
C 能干
D 才能

41. 我明白了这篇文章的____。
A 意外
B 意见
C 大意
D 大约

42. 我们不能追求只知道玩乐的生活____。
A 方法
B 方式
C 形式
D 结果

43. 他____在石头后面，谁都看不见他。
A 钻
B 落
C 藏
D 留

44. 今天家里来了客人，丽丽主动到厨房____，妈妈乐得合不拢嘴。
A 帮忙
B 帮助
C 表现
D 表演

45. 我跟他____，他没搭理我。
A 对不起
B 没关系
C 闹笑话
D 打招呼

2 • 2 • 2 • 2 • 2 • 2 • 2

51 ～ 53

当韩寒去办公室办理退学手续的时候，老师们问他："你不念书了，将来靠什么生活？" 年少的韩寒认真地说："靠我的稿费啊！" 老师们都笑了。

马云去肯德基应聘，他落选了。马云跟大老板们讲了讲什么叫电子商务，大老板们得出一个结论："这是个骗子。"

自从吴宗宪给了周杰伦一个工作机会，周杰伦终于不用再去餐厅里刷盘子了，于是他写了一些歌，但是竟然没有一个歌手肯唱他的那些"破歌"。

那时的他们，日子过得很差，他们的梦想听起来不切实际，也没人知道他们这辈子能否成功。最关键的是：他们毫不动摇，一直坚持自己的信念，努力前行，直到成功。

【51】韩寒退学后要做什么？

A 写作

B 当老师

C 做生意

D 写歌词

【52】在吴宗宪给周杰伦工作机会前，周杰伦的工作是：

A 在酒吧唱歌

B 在餐厅刷盘子

C 给歌手写歌词

D 给自己写歌词

【53】根据本文，取得成功的人有什么特点？

A 办事认真

B 不断努力

C 喜欢唱歌

D 很会讲话

2・2・2・2・2・2・2

54 ～ 56

有这样一个儿子，他是个有钱人，他的母亲老了，牙齿全坏掉了，于是他开车带着母亲去安装假牙。进了牙科诊所，经过各种检查以后，医生开始给他们介绍各种假牙，老人家选了最便宜的那种。医生一边看着有钱的儿子，一边耐心地对他们说，价格不同质量就不同。让医生非常失望的是，这个有钱的儿子根本就不理会他。医生只好同意了老人家的要求。这时，老人家颤抖着手从口袋里掏出一个布包，一层一层打开，拿出钱交给医生，准备一周后再来安装假牙。

两人走后，诊所里的人开始责备这个有钱人，说他不舍得花钱给母亲安装一副好假牙。正说着，有钱的儿子又回来了，他说："医生，麻烦您给我母亲选最好的假牙，费用我来出，多少钱都行。不过您千万不要告诉她，我母亲是个非常节俭的人，我不想让她不高兴。"

【54】根据本文，母亲选假牙的原则是：

A 只选免费的

B 尽量少花钱

C 选择最好的

D 不考虑价钱

【55】文中提到的"儿子"怎么样？

A 不关心母亲

B 其实没有钱

C 舍不得花钱

D 很尊重母亲

【56】根据本文，母亲安装的假牙最有可能是：

A 她自己选的

B 质量不好的

C 质量最好的

D 非常便宜的

MHK
中国少数民族汉语水平等级考试仿真试卷（二）

［一级］

卷Ⅱ

书 面 表 达

第二部分

（作文，20 分钟）

作 文 要 求
1. 写作前认真阅读作文提示，按提示要求在规定的时间内写完。
2. 每个空格写一个汉字，汉字书写要清楚工整；每个标点符号占一个空格，标点符号使用要规范。
3. 作文中不得出现跟考生有关的校名、地名和真人姓名。
4. 保持卷面整洁，不得涂划损坏答卷。

作文提示：

这学期，你在学习方面进步很快，老师让你跟同学们谈谈自己的感想。

请你以书信的形式，给同学们写一封 150 字左右的信，谈谈自己在学习方面的感想。

一、听力理解

（30 题，约 20 分钟）

扫一扫，🎧 1—30

第一部分

说明： 1 ～ 10 题，这部分试题，你在听到录音中的一句话后，请根据说话的内容，在 A B C D 四个备选答案中选出与这句话搭配最恰当的一句话。

例如： 第 6 题，你听到：

女：她要借你的铅笔，你怎么不借呢？

你在试卷上看到四个答案：

A 我会答应的

B 我也忘带了

C 她想用新的

D 她借给我了

第 6 题最恰当的答案是 B，你应在答题卡上找到号码 6，在字母 B 上画一横道。横道一定要画得粗一些，重一些。

6. [A] ■ [C] [D]

1. A 音乐不错
   B 演员很漂亮
   C 电影很好看
   D 我也不太清楚

2. A 我也很喜欢这颜色
   B 这件毛衣有点儿大
   C 我给妈妈买的毛衣
   D 我一定学会织毛衣

3. A 客人真多
   B 我喜欢请客
   C 我请他们吃饭
   D 几个中学同学

4. A 词典很贵
   B 在网上买的
   C 这是我的词典
   D 我想买这本词典

5. A 谢谢
   B 不客气
   C 欢迎再来
   D 欢迎欢迎

6. A 我是
   B 王林在
   C 我等您电话
   D 我在找王林

7. A 没有，还没说
B 没有，没听说
C 好的，听我说
D 好吧，听你的

8. A 再说吧
B 买完了吧
C 今天人多吧
D 那就休息吧

9. A 没问题
B 明天开会
C 我不知道
D 辛苦你了

10. A 一起去吧
B 去商店吧
C 买东西吧
D 你去过吧

2 • 2 • 2 • 2 • 2 • 2 • 2

二、阅读理解

第一部分

（15 题，15 分钟）

说明：31 ～ 45 题，每题中都有一个空儿，每个空儿都有 A B C D 四个答案，请根据句子前后的意思选出最恰当的答案填上，并在答题卡上找到试题号码，在代表正确答案的字母上画一横道。

31. 毕业典礼上，我献____王老师一束鲜花。
   A 向
   B 给
   C 替
   D 朝

32. 妈妈____用了几天的工夫，就把毛衣织好了。
   A 光
   B 还
   C 没
   D 仅

33. 小红看见扔在地上的空饮料瓶，____捡起来放进了垃圾箱。
   A 不禁
   B 重新
   C 连忙
   D 尽量

34. 很多人以为小明很任性，____，他是个十分懂事的孩子。
   A 其实
   B 有时
   C 常常
   D 确实

35. ____明天不下雨，妈妈就带我去公园玩儿。
   A 哪怕
   B 只要
   C 无论
   D 只有

36. 多种一____树，眼里就会多一片绿色，大地就会多一簇鲜花。
   A 个
   B 根
   C 颗
   D 棵

2 • 2 • 2 • 2 • 2 • 2 • 2

37. 奶奶生病住院了，我心里感到很____。
A 讨厌
B 失望
C 寒冷
D 难过

38. 她是一个____的清洁工人，但她让城市变得更加美丽，所以她是伟大的人！
A 真正
B 平凡
C 用心
D 优秀

39. 我爷爷是个____、和蔼的老人。
A 亲热
B 亲爱
C 亲切
D 亲密

40. 如果你继续那样说话，就会引起____的反感。
A 人人
B 个人
C 人民
D 人们

41. 爱因斯坦是他那个____最有才智的人之一。
A 时代
B 刚才
C 过去
D 时间

42. 校长的讲话为我们今后的工作指明了____。
A 方面
B 方式
C 方法
D 方向

43. 这个月家里只____下一百元钱了，不能给我买新衣服了。
A 留
B 剩
C 放
D 存

44. 我和妈妈____后，决定假期去姥姥家。
A 商量
B 计划
C 讲解
D 说话

45. 他总是在全班同学面前____，真是没办法。
A 什么的
B 了不起
C 闹笑话
D 不像话

2 • 2 • 2 • 2 • 2 • 2 • 2

51 ～ 53

每当看见那些大哥哥骑上了自行车，我就特别想像他们那样。

我相信，在爸爸的指导下，我一定能很快就学会骑自行车。可我想得太简单了，第一次尝试，我感觉快要成功了，却在几秒钟后摔倒在地。接下来是第二次、第三次……第十次，都是以失败告终。

就这样，摔着摔着，我的自信心也摔没了。我坐到地上不动了。

“加油，再来！想当年，你老爸我可是练了好几天呢！摔倒的次数都数不过来。”爸爸笑眯眯地说。我深深叹了口气：“可是……”“别可是了，坚持就是胜利！”“好！”我站了起来。

经过一周的反复训练，现在骑自行车对我来说已经不是难事了。

【51】“我”特别想像大哥哥们一样：

A 长得高

B 会骑自行车

C 能买辆自行车

D 很多人一起玩儿

【52】“摔着摔着，我的自信心也摔没了”意思是：

A“我”摔疼了

B“我”丢东西了

C“我”失去了信心

D“我”开始害怕了

【53】本文主要告诉我们：

A 坚持就是胜利

B 接近成功时要小心

C 鼓励让人充满力量

D 有好的老师才能成功

2・2・2・2・2・2・2

54 ～ 56

牛奶是天然食物中营养最全面、比例最合适，且最容易被人消化吸收的一种饮品。但是，喝牛奶却大有讲究，如果方法不对，效果就会大大降低。

喝牛奶最好不加糖，否则，不但不易被消化吸收，还会滞留在消化道中，影响肠胃功能。牛奶可加热，但不要煮沸，因为煮沸后有的维生素会被破坏，而且牛奶中的钙会形成磷酸钙沉淀，不易被人体吸收。早餐不要只喝牛奶，空腹喝牛奶会加速胃肠蠕动，造成吸收不良。正确的方法是：早餐先吃面包、糕点等，再喝牛奶，这样会使营养更加平衡。同时，喝牛奶不要同时吃巧克力，因为巧克力中的草酸会与牛奶中的钙结合形成草酸钙，使钙无法被人体充分吸收。

【54】根据本文，牛奶的特点包括：

A 属于天然食物

B 营养比较单一

C 难以消化吸收

D 只适合早晨喝

【55】根据本文，下列正确的一项是：

A 喝牛奶最好加糖

B 喝牛奶没有讲究

C 牛奶是一种饮品

D 不能给牛奶加热

【56】根据本文，如果早饭时要喝牛奶，我们最好怎么做？

A 煮沸牛奶，放凉再喝

B 先吃面包，再喝牛奶

C 先喝牛奶，再吃糕点

D 边喝牛奶，边吃巧克力

MHK
中国少数民族汉语水平等级考试仿真试卷（三）

［一级］

卷Ⅱ

书 面 表 达

第二部分

（作文，20 分钟）

作 文 要 求
1. 写作前认真阅读作文提示，按提示要求在规定的时间内写完。
2. 每个空格写一个汉字，汉字书写要清楚工整；每个标点符号占一个空格，标点符号使用要规范。
3. 作文中不得出现跟考生有关的校名、地名和真人姓名。
4. 保持卷面整洁，不得涂划损坏答卷。

作文提示：

为了提高同学们的写作水平，丰富校园文化生活，星光小学决定举行小学生写作大赛（主要是三至六年级学生参加）。比赛时间为 2016 年 4 月 5 日，比赛地点为学校阅览室，报名截止时间是 3 月 30 日。

请你根据作文提示写一则通知。

一、听力理解

（30 题，约 20 分钟）

第一部分

扫一扫，🎧 1—30

说明：1 ～ 10 题，这部分试题，你在听到录音中的一句话后，请根据说话的内容，在 A B C D 四个备选答案中选出与这句话搭配最恰当的一句话。

例如：第 6 题，你听到：

女：她要借你的铅笔，你怎么不借呢？

你在试卷上看到四个答案：

A 我会答应的

B 我也忘带了

C 她想用新的

D 她借给我了

第 6 题最恰当的答案是 B，你应在答题卡上找到号码 6，在字母 B 上画一横道。横道一定要画得粗一些，重一些。

6. [A] ■ [C] [D]

1. A 这个大
   B 都很甜
   C 一元一斤
   D 都喜欢吃

2. A 我带了
   B 还没有
   C 作业少
   D 回家了

3. A 还有一星期
   B 两个星期前
   C 期中考试很难
   D 我不喜欢考试

4. A 我喜欢爬山
   B 我不太舒服
   C 人多很热闹
   D 大家一起去

5. A 别忘了
   B 今天忙
   C 下雨了
   D 带着呢

6. A 谢谢你
   B 不客气
   C 对不起
   D 没关系

1 • 1 • 1 • 1 • 1 • 1 • 1

7. A 你好，请进
B 等等，就来
C 好的，马上
D 抱歉，让一下

8. A 不可能
B 你忘了
C 感觉不好
D 这里很美

9. A 午饭很好吃
B 吃饭的人很多
C 我带饭在教室吃
D 和大家一起吃午饭

10. A 我和你们一样
B 弟弟喜欢睡觉
C 哥哥会照顾弟弟
D 我和哥哥关系好

2 • 2 • 2 • 2 • 2 • 2 • 2

二、阅读理解

第一部分

（15题，15分钟）

说明：31～45题，每题中都有一个空儿，每个空儿都有A B C D四个答案，请根据句子前后的意思选出最恰当的答案填上，并在答题卡上找到试题号码，在代表正确答案的字母上画一横道。

31. 今天下雪路滑，我____家到学校走了半个小时。
   A 及
   B 从
   C 和
   D 随

32. 人们____说超市的水果新鲜，其实我觉得市场的水果更新鲜。
   A 白
   B 单
   C 常
   D 敢

33. 长途旅行____使我感到筋疲力尽。
   A 反正
   B 独特
   C 的确
   D 到底

34. 放学后____回家，别让家长担心。
   A 赶紧
   B 连忙
   C 紧急
   D 急忙

35. 他病得太严重了，虚弱得____连呼吸都很艰难！
   A 并且
   B 而且
   C 以及
   D 甚至

36. 我收到一____信，是弟弟写来的。
   A 个
   B 封
   C 付
   D 份

2 • 2 • 2 • 2 • 2 • 2 • 2

37. 小刚与小明发生了____的争吵。
   A 热烈
   B 激动
   C 严重
   D 激烈

38. 领导说要提前完成这项工作，这个任务实在是太____了。
   A 艰巨
   B 艰苦
   C 巨大
   D 庞大

39. 看见弟弟____的神色，我知道他又闯祸了。
   A 惊讶
   B 惊慌
   C 惊奇
   D 吃惊

40. 换个工作____对她来说是有好处的。
   A 环境
   B 地方
   C 待遇
   D 专业

41. 虽然这份工作很累，但这是展示你能力的一个____。
   A 优势
   B 好处
   C 条件
   D 机会

42. 我给你寄了一个____，两天之后就能到。
   A 问候
   B 信封
   C 包裹
   D 邮局

43. 为了准备这场比赛，他____着雨在球场上练球。
   A 接
   B 冒
   C 担
   D 承

44. 半年多来，酒店的经理一直在抱怨员工不____安排。
   A 接待
   B 对待
   C 执行
   D 服从

45. 你来或不来，对我来说都____。
   A 没关系
   B 不得了
   C 不由得
   D 了不起

2·2·2·2·2·2·2

51 ～ 53

小时候，我常到外婆家去玩。每次我到外婆家去，外婆总会用她那只起皱的大手，从那个并不大的衣兜里，掏出些已剥掉壳的花生给我。我用手接着，小心翼翼地装到我的小衣兜里，然后，时不时地掏出一颗送到嘴里细细嚼，那时的花生好像特别香。

晚上睡觉的时候，我想妈妈了，就哇哇大哭。外婆把我抱起来，边哄我边从她那个衣兜里掏出两颗奶糖，放到我的嘴里。奶糖那浓郁的香味散布到我的嘴里，我便不哭了。我依偎在外婆怀里，听她讲古老的传说，哼不知名的曲调。然后，我慢慢进入梦乡，梦里还有那淡淡的香味。

【51】“我”如何对待外婆给我的花生？

A 非常珍惜

B 留着不吃

C 一下吃光

D 睡觉前吃

【52】根据本文，“我”的梦里有：

A 妈妈

B 外婆

C 花生香

D 奶糖香

【53】本文主要回忆的是：

A “我”的梦

B “我”的外婆

C “我”的妈妈

D “我”的童年

2·2·2·2·2·2·2

54 ～ 56

猫鼬是一种小型哺乳动物，凶猛起来能杀死一条眼镜蛇。有人觉得，猫鼬既然这么厉害，那么老鼠一定不是它的对手。于是，他们把一批猫鼬放到发生鼠灾的庄稼地里，过了一段时间，鼠害却没有任何减轻的迹象。为什么呢？通过观察发现，猫鼬和老鼠的生活习惯不同：老鼠夜间活动，白天在洞里睡大觉；猫鼬却正相反，白天活动，夜间睡觉。所以，猫鼬不能胜任。

一家水厂引进尼罗河象鼻鱼监测水质。象鼻鱼感觉灵敏，能像雷达那样发射电脉冲。如果河水干净，每分钟发出电脉冲 400 ～ 800 次；水质污染，发出的电脉冲马上降到 200 次以下。可水厂使用一段时间后，却发现象鼻鱼根本监测不到水质变化。原来，它的监测本领只适用于尼罗河，在其他任何水里都发挥不了威力。

人也是如此，仅有能力是不够的。一个人有了相当强的能力，还要有良好的工作习惯、适合发挥能力的环境，才有希望成功。

【54】把猫鼬放到发生鼠灾的地里，为什么老鼠没有减少？

A 猫鼬不会捕鼠

B 猫鼬害怕老鼠

C 它们都很喜欢对方

D 它们的生活习惯不同

【55】关于象鼻鱼，下列说法正确的是：

A 感觉一点儿也不灵敏

B 不能在别的水里生存

C 能监测尼罗河的水质

D 喜欢在干净的水里生活

【56】本文主要想告诉我们：

A 一个人要有足够的能力

B 良好的工作习惯很重要

C 成功需要能力更需要环境

D 人人都很希望能取得成功

MHK

中国少数民族汉语水平等级考试仿真试卷（四）

［一级］

卷Ⅱ

书 面 表 达

第二部分

（作文，20 分钟）

作 文 要 求
1. 写作前认真阅读作文提示，按提示要求在规定的时间内写完。
2. 每个空格写一个汉字，汉字书写要清楚工整；每个标点符号占一个空格，标点符号使用要规范。
3. 作文中不得出现跟考生有关的校名、地名和真人姓名。
4. 保持卷面整洁，不得涂划损坏答卷。

作文提示：

请仔细观察下面这幅图画，然后写一篇 150 字左右的小作文，题目自拟。

1 • 1 • 1 • 1 • 1 • 1 • 1

一、听力理解

（30 题，约 20 分钟）

扫一扫，🎧 1—30

第一部分

说明：1 ～ 10 题，这部分试题，你在听到录音中的一句话后，请根据说话的内容，在 A B C D 四个备选答案中选出与这句话搭配最恰当的一句话。

例如：第 6 题，你听到：

女：她要借你的铅笔，你怎么不借呢？

你在试卷上看到四个答案：

A 我会答应的

B 我也忘带了

C 她想用新的

D 她借给我了

第 6 题最恰当的答案是 B，你应在答题卡上找到号码 6，在字母 B 上画一横道。横道一定要画得粗一些，重一些。

6. [A] ■ [C] [D]

1. A 没多少钱
   B 这顿饭不错
   C 这个菜太辣了
   D 我喜欢这些饭菜

2. A 太好了
   B 对不起
   C 没关系
   D 没听说

3. A 快考试了
   B 郊区很漂亮
   C 我要去郊游
   D 期中考试以后

4. A 我会开车
   B 他太困了
   C 差不多吧
   D 他没开车

5. A 我不打架
   B 踢球去了
   C 我知道了
   D 小心玻璃

6. A 您要订什么
   B 饭店非常大
   C 什么时候订
   D 菜都很好吃

7. A 考完试了
B 时间不长
C 您放心吧
D 参加考试

8. A 你好，快请进
B 谢谢，我走了
C 好的，一定去
D 你看，到家了

9. A 他正在看书
B 学习很辛苦
C 书店没关门呢
D 我喜欢看书啊

10. A 他走了
B 到家了
C 我也走
D 你去哪儿

2 • 2 • 2 • 2 • 2 • 2 • 2

二、阅读理解

第一部分

（15 题，15 分钟）

说明： 31 ～ 45 题，每题中都有一个空儿，每个空儿都有 A B C D 四个答案，请根据句子前后的意思选出最恰当的答案填上，并在答题卡上找到试题号码，在代表正确答案的字母上画一横道。

31. ____你答应孩子一个要求时，一定要努力做到说话算数。
A 当
B 等
C 让
D 因

32. 无论刮风还是下雨，王锋____准时到校。
A 就
B 也
C 都
D 还

33. 我____在下雨之前赶到单位了，太幸运了。
A 按时
B 刚好
C 故意
D 仍然

34. 在工作或生活中，我们都不能____伤害别人。
A 顺便
B 多么
C 故意
D 到处

35. ____爸爸回来得早，就带你去看这场演出。
A 尽管
B 如何
C 经常
D 要是

36. 我只是跟你开个玩笑，别当____事。
A 把
B 种
C 回
D 块

2 • 2 • 2 • 2 • 2 • 2 • 2

37. 他是个____的人，把事情交给他做，你就放心吧。
A 安全
B 可靠
C 安心
D 可爱

38. 每天都要用____的心态面对身边的人和事。
A 开心
B 愉快
C 乐观
D 快乐

39. 他说一口____的汉语，而且语音、语调都很准确。
A 流利
B 精彩
C 快活
D 厉害

40. 姐姐给她的好朋友买了一束鲜花，作为生日____。
A 植物
B 礼物
C 东西
D 心意

41. 我感觉我是在白费____，我说什么她都听不进去。
A 想法
B 思想
C 好心
D 力气

42. 我觉得他演讲时表现得非常好，可在获奖____里没有看到他。
A 名字
B 名称
C 成就
D 名单

43. 小猫在草地上跳着抓蝴蝶，但____空了，什么也没抓到。
A 拿
B 摘
C 扑
D 捡

44. 老人病得很严重，已经____三天没吃东西了。
A 连续
B 继续
C 接着
D 连接

45. 如果____意外，后天我就会把牛牛接回来。
A 有点儿
B 没什么
C 差不多
D 不由得

2 • 2 • 2 • 2 • 2 • 2 • 2

51 ～ 53

有一个人提着一只非常漂亮的瓶子赶路，走着走着，一不小心，“啪”的一声，瓶子摔在路边一块大石头上，顿时成了碎片。旁边的人见了，都为这么漂亮的瓶子摔成了碎片而感到可惜。可是，瓶子的主人却像没这么回事一样，头也不回地继续走他的路。

旁边的人都觉得很奇怪：这么漂亮的瓶子摔碎了，瓶子的主人怎么一点儿都不关心呢？于是，就有人问瓶子的主人。

瓶子的主人说：“已经摔碎了的瓶子，我再去留恋它又有什么用呢？”

【51】关于瓶子，我们可以知道：

A 非常好看

B 没有用处

C 是石头做的

D 很招人喜欢

【52】见到瓶子摔碎了，旁边的人觉得：

A 高兴

B 可惜

C 很奇怪

D 没什么

【53】本文主要讲了什么道理？

A 只有努力才能成功

B 不要留恋失去的东西

C 不要在意别人的眼光

D 一定要坚持自己的想法

2 · 2 · 2 · 2 · 2 · 2 · 2

54 ～ 56

一位父亲带着儿子去参观著名画家凡·高的故居，在看过那张小木床和裂了口的皮鞋之后，儿子问父亲：“凡·高不是一位有钱人吗？”父亲回答：“他是一个穷人。”

父亲又带儿子去了丹麦，到著名作家安徒生的故居参观，儿子又困惑地问：“爸爸，安徒生不是生活在皇宫里吗？”父亲回答：“安徒生是鞋匠的儿子，他就生活在这里。”

这位父亲是一个水手，常年往来于各个港口。他的儿子后来成了世界上第一位获普利策奖的黑人记者。

20 年后，儿子在回忆童年时说：“那时候，我们家很穷，父母都很辛苦。有很长一段时间，我一直认为，像我们这样的黑人是不可能有什么出息的。是父亲让我认识了凡·高和安徒生，这两个人的经历让我知道，成功没有忘记我们。”

【54】关于安徒生，我们知道：

A 是画家

B 很有钱

C 父亲是鞋匠

D 住在皇宫里

【55】关于儿子，我们知道：

A 是名水手

B 没得过奖

C 职业是记者

D 从小没了父亲

【56】文中人物的经历，让我们明白了什么道理？

A 贫穷让人更努力

B 谁都有机会成功

C 辛苦工作才有出息

D 旅游可以增长见识

MHK
中国少数民族汉语水平等级考试仿真试卷（五）

［一级］

卷Ⅱ

书 面 表 达

第二部分

（作文，20 分钟）

作 文 要 求
1. 写作前认真阅读作文提示，按提示要求在规定的时间内写完。
2. 每个空格写一个汉字，汉字书写要清楚工整；每个标点符号占一个空格，标点符号使用要规范。
3. 作文中不得出现跟考生有关的校名、地名和真人姓名。
4. 保持卷面整洁，不得涂划损坏答卷。

作文提示：

春天到了，天气越来越暖和了。学校召开了运动会。

请你写一篇 150 字左右的小作文，把运动会的情况简单记录下来。

一、听力理解

（30 题，约 20 分钟）

扫一扫，1—30

第一部分

说明：1 ～ 10 题，这部分试题，你在听到录音中的一句话后，请根据说话的内容，在 A B C D 四个备选答案中选出与这句话搭配最恰当的一句话。

例如：第 6 题，你听到：

女：她要借你的铅笔，你怎么不借呢？

你在试卷上看到四个答案：

A 我会答应的

B 我也忘带了

C 她想用新的

D 她借给我了

第 6 题最恰当的答案是 B，你应在答题卡上找到号码 6，在字母 B 上画一横道。横道一定要画得粗一些，重一些。

6. [A] ■ [C] [D]

1. A 看了
   B 我想看看
   C 挺好看的
   D 我再看两天

2. A 好像是
   B 我没参加
   C 我下午在
   D 会议很重要

3. A 还没决定
   B 北京很远
   C 我开车去
   D 北京很大

4. A 还不错
   B 让我想想
   C 没有，不可能
   D 是啊，太冷了

5. A 好好儿准备
   B 一定准备好
   C 好的，马上睡觉
   D 再等一下，马上就好

6. A 非常感谢
   B 哪里哪里
   C 好久不见
   D 一路顺风

1 • 1 • 1 • 1 • 1 • 1 • 1

7. A 没关系
   B 不见不散
   C 时间过得快
   D 博物馆真远

8. A 我们一起去
   B 买东西很累
   C 今天天气好
   D 什么都没买

9. A 还可以
   B 没问题
   C 不太好
   D 没关系

10. A 一定再来
    B 真的很美
    C 你等等我
    D 我很喜欢

2 • 2 • 2 • 2 • 2 • 2 • 2

二、阅读理解

第一部分

（15 题，15 分钟）

说明：31 ～ 45 题，每题中都有一个空儿，每个空儿都有 A B C D 四个答案，请根据句子前后的意思选出最恰当的答案填上，并在答题卡上找到试题号码，在代表正确答案的字母上画一横道。

31. 别担心，小刚的手术会顺利的，您得____好的方面想。
    A 对
    B 就
    C 为
    D 朝

32. 好好儿学习，____能成为对社会有用的人。
    A 倒
    B 才
    C 更
    D 可

33. 老师用卡片教汉字，____加快了学生识字的速度。
    A 忽然
    B 十分
    C 大大
    D 正在

34. 在同学遇到困难时，我们应该____帮助他。
    A 必定
    B 必须
    C 尽管
    D 尽力

35. ____遇到再多的困难，我也会坚持到底的。
    A 哪怕
    B 不料
    C 既然
    D 不但

36. 夏天太热，我每天都得洗一____澡。
    A 道
    B 份
    C 次
    D 些

2·2·2·2·2·2·2

37. 我们把教室打扫得很____。
A 舒服
B 平静
C 漂亮
D 干净

38. 做生意讲究买卖____，和气生财。
A 平常
B 公平
C 公正
D 正常

39. 你说话的声音像百灵鸟在歌唱，真____。
A 好听
B 好看
C 友好
D 好说

40. 每个人都有自己的优点，千万不要对自己失去____。
A 心情
B 想法
C 信心
D 感觉

41. 妈妈一直在精心照顾奶奶，奶奶能恢复健康，都是妈妈的____。
A 成就
B 成功
C 优势
D 功劳

42. 坚持锻炼对我们的身体有____。
A 好处
B 优点
C 成绩
D 经验

43. 她昨天把妈妈的耳环给弄____了，伤心地哭了。
A 掉
B 走
C 丢
D 摔

44. 我们要取得成绩，就必须____行动，而不是只下决心。
A 取得
B 运用
C 采用
D 采取

45. 那个可爱的小姑娘向我眨眨眼，我知道她只不过是在和我____。
A 好玩儿
B 闹笑话
C 开玩笑
D 聊天儿

2·2·2·2·2·2·2

51 ～ 53

动物园里，小骆驼问妈妈："妈妈，为什么我们的眼睫毛这么长？"

骆驼妈妈回答："当风沙来的时候，长长的眼睫毛可以让我们在风暴中也能看到方向。"

小骆驼又问："妈妈，为什么我们的背这样子，丑死了！"

骆驼妈妈回答："这个叫驼峰，可以帮我们储存大量的水和养分，让我们能在沙漠里待十多天。"

小骆驼又问："妈妈，为什么我们的脚掌这么厚？"

骆驼妈妈回答："它可以让我们重重的身子不至于陷在软软的沙子里，好走远路啊。"

小骆驼高兴了："原来是这样啊！妈妈，我们快去沙漠走走吧！"

【51】小骆驼和妈妈住在哪儿？

A 沙漠

B 水边

C 动物园

D 山峰上

【52】小骆驼以前觉得自己长得怎么样？

A 很丑

B 很高

C 很大

D 很美

【53】听了妈妈所有的回答，小骆驼：

A 看清了方向

B 感觉很不开心

C 知道了自己的优点

D 不想让妈妈去沙漠

2 • 2 • 2 • 2 • 2 • 2 • 2

54 ～ 56

一个人在岸边钓鱼，旁边有几个人一边看风景一边看他钓鱼。只见钓鱼的人钓上了一条大鱼，大鱼足有三尺长，落到岸上，还跳个不停。可是钓鱼的人却解下鱼嘴里的鱼钩，将鱼扔回河里。

旁边的人响起一阵惊呼声："这么大的鱼还不能让他满意！"

钓鱼的人一扬鱼竿，这次钓上的是一条两尺长的鱼。钓鱼的人还是把鱼扔回河里。

第三次，鱼竿再次扬起，只见鱼钩上挂着一条不到一尺长的小鱼。旁边的人想，这条鱼肯定也会被放回河里。不料，钓鱼的人把鱼解下来，小心地放进自己的水桶中。

旁边的人觉得很奇怪，就问钓鱼的人为何放走大鱼而留下小鱼。

钓鱼的人回答："因为我家里最大的盘子只有一尺，太大的鱼钓回去，盘子也装不下。"

有时候，找到适合自己的目标非常重要；否则，会因为不适合而引来很多烦恼。

【54】钓鱼的人为什么把三尺长的大鱼放回河里？

A 不喜欢吃大鱼

B 太大了拿不动

C 不是自己想要的

D 让旁边的人看热闹

【55】钓鱼的人留下了不到一尺长的小鱼，是因为：

A 小鱼好看

B 水桶比较小

C 家里人喜欢小鱼

D 家里的盘子能装下

【56】本文主要讲的道理是：

A 选择是一道难题

B 小鱼比大鱼受欢迎

C 寻找适合自己的目标

D 钓鱼的技术十分重要

MHK

中国少数民族汉语水平等级考试仿真试卷（六）

［一级］

卷Ⅱ

书 面 表 达

第二部分

（作文，20 分钟）

作 文 要 求
1. 写作前认真阅读作文提示，按提示要求在规定的时间内写完。
2. 每个空格写一个汉字，汉字书写要清楚工整；每个标点符号占一个空格，标点符号使用要规范。
3. 作文中不得出现跟考生有关的校名、地名和真人姓名。
4. 保持卷面整洁，不得涂划损坏答卷。

作文提示：

你喜欢小动物吗？比如小狗、小猫、小兔子等。

请你以日记的形式，展开丰富的联想，写一写你养小动物的乐趣。150 字左右。

一、听力理解

（30 题，约 20 分钟）

扫一扫，🎧1—30

第一部分

说明：1 ～ 10 题，这部分试题，你在听到录音中的一句话后，请根据说话的内容，在 A B C D 四个备选答案中选出与这句话搭配最恰当的一句话。

例如：第 6 题，你听到：

女：她要借你的铅笔，你怎么不借呢？

你在试卷上看到四个答案：

A 我会答应的

B 我也忘带了

C 她想用新的

D 她借给我了

第 6 题最恰当的答案是 B，你应在答题卡上找到号码 6，在字母 B 上画一横道。横道一定要画得粗一些，重一些。

6. [A] ▬ [C] [D]

1. A 早上
   B 我走了
   C 好早啊
   D 不早了

2. A 我很忙
   B 我忙死了
   C 好可惜啊
   D 我事情太多

3. A 怪不得
   B 太长了
   C 快着呢
   D 他们来了

4. A 火车票很难买
   B 朋友帮我买的
   C 火车上人很多
   D 火车比汽车快

5. A 谢谢你
   B 不客气
   C 鱼刺很多
   D 鱼很新鲜

6. A 打扰你了
   B 他出去了
   C 李校长很好
   D 你太客气了

1 • 1 • 1 • 1 • 1 • 1 • 1

7. A 下雨了
   B 好天气
   C 天气不好
   D 没关系，不用

8. A 天气真热
   B 我走了半天
   C 谢谢你们的关心
   D 对不起，来晚了

9. A 不知道
   B 可不是
   C 今天周末
   D 人多着呢

10. A 我也写完了
    B 我要写作文
    C 我要出去玩儿
    D 我喜欢写作业

2 • 2 • 2 • 2 • 2 • 2 • 2

二、阅读理解

第一部分

（15 题，15 分钟）

说明：31 ～ 45 题，每题中都有一个空儿，每个空儿都有 A B C D 四个答案，请根据句子前后的意思选出最恰当的答案填上，并在答题卡上找到试题号码，在代表正确答案的字母上画一横道。

31. 妈妈告诉小艳，必须先____作业写完才能出去玩儿。
    A 等
    B 让
    C 把
    D 给

32. 工作方法不对，只能是____浪费时间。
    A 便
    B 重
    C 总
    D 白

33. 他每天都____上班，从来不迟到。
    A 不断
    B 按时
    C 急忙
    D 经常

34. 要想取得成功，____脚踏实地、认认真真地工作。
    A 必须
    B 确实
    C 尽量
    D 常常

35. ____绕道走斑马线多么麻烦，他总是遵守交通规则。
    A 不但
    B 不管
    C 不过
    D 不仅

36. 再排练一____这个节目，好吗？
    A 把
    B 个
    C 手
    D 遍

2・2・2・2・2・2・2

37. 他是一个____的男生，我经常看见他一个人坐在那里思考。
   A 平静
   B 清静
   C 安静
   D 冷静

38. 我小的时候家里人很多，____都喜欢围着我转来转去。
   A 大哥
   B 儿童
   C 父母
   D 大家

39. 冬天去南方度假，的确是个____的选择。
   A 不错
   B 精彩
   C 优秀
   D 标准

40. 王刚很聪明，别人认为很难的问题，他总有____解决。
   A 本领
   B 才能
   C 办法
   D 道路

41. 只有刻苦练习并总结实践经验，才能学到过硬的____。
   A 道理
   B 本领
   C 知识
   D 力量

42. 这样的美景只有这里有，在____你是看不到的。
   A 外表
   B 眼前
   C 别处
   D 周围

43. 游戏节目让人感到轻松、愉快，大家都____参与。
   A 帮
   B 爱
   C 传
   D 请

44. 从小培养孩子____环境的意识非常重要。
   A 爱护
   B 爱好
   C 热爱
   D 喜爱

45. 我打破了邻居家的玻璃，虽然邻居没有责怪我，但我却感到很____。
   A 不要紧
   B 没关系
   C 没什么
   D 不好意思

2 • 2 • 2 • 2 • 2 • 2 • 2

51 ～ 53

俗话说："笑一笑，十年少；愁一愁，白了头。"也有一说："愁生百病。"看来，发愁对人体健康没有任何好处。医学研究发现，人经常发愁，容易引起免疫功能下降，机体杀伤、吞噬病原微生物和炎细胞的能力会被削弱，干扰素水平也会降低，造成呼吸道防御功能暂时性减退，给病毒以可乘之机。

英国感冒研究小组的学者为健康的自愿受试者做了心理方面的测试，把受试者按心理压力程度分成不同等级，然后让他们感染感冒病毒。结果，心理压力大及性格内向的一组要比心理压力小及性格外向的一组的感冒症状更严重。

【51】"笑一笑"会使人怎样？

A 更加年轻

B 容易生病

C 头发发白

D 少活十年

【52】根据第二段，感冒的严重程度与什么有关？

A 健康程度与年龄

B 心理压力与性格

C 心理素质与体质

D 测试方式与环境

【53】本文主要告诉我们：

A 发愁对身体健康很不利

B 心理压力有不同的等级

C 性格内向的人容易感冒

D 喜欢笑的人显得更年轻

2 • 2 • 2 • 2 • 2 • 2 • 2

54 ～ 56

华盛顿是美国第一任总统，他年轻的时候有件找马的轶事。

一天，他父亲的一匹马被人偷走了。华盛顿和一名警察一起到偷马人的农场里去讨要，但那人拒不归还，一口咬定："这是我的马。"

华盛顿用双手遮住了马的双眼，对那个偷马人说："要是这马真是你的，你一定知道马的哪只眼睛是瞎的。"

"右眼。"偷马人犹豫地说。

华盛顿放下蒙右眼的手，马的右眼并没有瞎。

"我记错了，马的左眼才是瞎的。"偷马人急忙辩解。

华盛顿又放下蒙左眼的手，马的左眼也没有瞎。

"我又说错了……"偷马人还想狡辩。

"没错，你是错了。这充分说明马不是你的。你必须把马还给华盛顿先生。"警察说。

【54】根据本文，华盛顿父亲的马怎么了？

A 跑丢了

B 被偷了

C 被咬了

D 找不到了

【55】根据本文，马的眼睛怎么了？

A 左眼瞎了

B 右眼瞎了

C 双眼瞎了

D 双眼都没瞎

【56】决定马属于谁的人是：

A 警察

B 华盛顿

C 偷马的人

D 华盛顿的父亲

MHK

中国少数民族汉语水平等级考试仿真试卷（七）

［一级］

卷Ⅱ

书 面 表 达

第二部分

（作文，20 分钟）

作 文 要 求
1. 写作前认真阅读作文提示，按提示要求在规定的时间内写完。
2. 每个空格写一个汉字，汉字书写要清楚工整；每个标点符号占一个空格，标点符号使用要规范。
3. 作文中不得出现跟考生有关的校名、地名和真人姓名。
4. 保持卷面整洁，不得涂划损坏答卷。

作文提示：

一天下午，老师和同学们一起上了一次有趣的活动课，老师请同学们自己动手做一件小礼物，送给自己最喜欢的人。

请你以日记的形式，写一篇 150 字左右的作文，把活动课的内容、过程以及自己的收获记录下来。

一、听力理解

（30 题，约 20 分钟）

第一部分

扫一扫，🎧 1—30

说明：1 ～ 10 题，这部分试题，你在听到录音中的一句话后，请根据说话的内容，在 A B C D 四个备选答案中选出与这句话搭配最恰当的一句话。

例如：第 6 题，你听到：

女：她要借你的铅笔，你怎么不借呢？

你在试卷上看到四个答案：

A 我会答应的

B 我也忘带了

C 她想用新的

D 她借给我了

第 6 题最恰当的答案是 B，你应在答题卡上找到号码 6，在字母 B 上画一横道。横道一定要画得粗一些，重一些。

6. [A] ▬ [C] [D]

1. A 环境挺好的
   B 电影很好看
   C 人们爱看电影
   D 我们一起去吧

2. A 学知识
   B 就是啊
   C 长知识
   D 不知道

3. A 快了
   B 没做完
   C 我来做
   D 时间真快

4. A 她在加班
   B 她回来晚了
   C 已经很晚了
   D 她很关心我

5. A 再见
   B 对不起
   C 谢谢你
   D 请原谅

6. A 你好，张丽
   B 好的，老师
   C 好吧，我走了
   D 好呀，我喜欢

7. A 妈妈已经知道了
   B 妈妈没有生病啊
   C 我知道你生病了
   D 我很想见妈妈啊

8. A 我去买台电脑
   B 我觉得不容易
   C 很难用到电脑
   D 用这个修电脑

9. A 真好吃啊
   B 太浪费了
   C 我吃完了
   D 你说的对

10. A 一定参加
    B 非常好听
    C 确实适合
    D 认真演唱

2 • 2 • 2 • 2 • 2 • 2 • 2

二、阅读理解

第一部分

（15 题，15 分钟）

说明：31 ～ 45 题，每题中都有一个空儿，每个空儿都有 A B C D 四个答案，请根据句子前后的意思选出最恰当的答案填上，并在答题卡上找到试题号码，在代表正确答案的字母上画一横道。

31. 他看到外面下着大雪，景色很美，____起照相机就出去了。
    A 顺
    B 用
    C 借
    D 拿

32. 有些父母____影响孩子学习，晚上从不看电视。
    A 不
    B 怕
    C 白
    D 太

33. 李老师虽然感冒了，但他____坚持去讲课。
    A 必须
    B 仍然
    C 到底
    D 果然

34. 路过长沙时，我____看望在那里工作的姐姐。
    A 随时
    B 随地
    C 顺路
    D 特别

35. ____经历苦难的人，才能明白生命的可贵。
    A 不但
    B 不只
    C 只有
    D 只要

36. 每一____粮食都来之不易，我们不能浪费。
    A 个
    B 棵
    C 块
    D 粒

2 • 2 • 2 • 2 • 2 • 2 • 2

37. 有了____的环境，才能有好心情。
A 清洁
B 清楚
C 肃静
D 平静

38. 奶奶特别热情、善良，左邻右舍有什么困难，她总是____帮忙。
A 爱心
B 热心
C 热爱
D 轻松

39. 语文老师讲课生动、____，同学们都非常爱听。
A 有趣
B 完美
C 兴奋
D 新鲜

40. 飞机向灾区空投救灾____。
A 物质
B 物资
C 资源
D 东西

41. 请不要把你的____强加于人。
A 真理
B 知识
C 想法
D 智慧

42. 每当我走进母校时，小学时候的一幕幕仿佛就展现在我的____。
A 身边
B 前头
C 前方
D 眼前

43. 计算机的普及要从娃娃____起。
A 抓
B 管
C 算
D 说

44. 学校食堂为师生____良好的饮食服务。
A 帮助
B 提供
C 组织
D 制订

45. 小玲问妈妈，____雨后的天空会出现彩虹？
A 不得了
B 怎么样
C 为什么
D 了不起

2·2·2·2·2·2·2

51 ～ 53

这是一项有关水污染的实验。

先准备 3 个鱼缸，一个装进清水，另两个分别装进两种污染程度不同的水；再准备一些小金鱼。然后，在 3 个鱼缸内分别放入 5 条小金鱼。记录哪个鱼缸里的小金鱼第一个死亡，哪个鱼缸里的小金鱼最先全部死亡。

经过我们的观察，污水里的小金鱼寿命短：印染厂的废水污染得最厉害，把小金鱼放进这种污水里，15 分钟内就死掉了一条，在 1 小时内余下的小金鱼就陆续死掉了；在污水沟的水里，小金鱼在 12 小时内接二连三地死光了。

通过这个实验，我知道了污水对人类和动植物有极大的危害。在工业生产排放的废水中，含有多种有毒的物质。这些物质进入自然水体后，影响水生物的繁殖生长，破坏水体平衡，造成极大的危害，进而破坏环境，危及人类。

【51】做这个实验一共用了多少条小金鱼？

A 3

B 5

C 12

D 15

【52】根据本文，哪种水里的小金鱼寿命最短？

A 雨水

B 清水

C 污水沟的水

D 印染厂的废水

【53】通过这个实验，“我”知道了：

A 做实验需要准备很多小金鱼

B 小金鱼不容易在鱼缸里存活

C 工业生产排放的废水特别多

D 污染后的水对人和动植物有害

2 • 2 • 2 • 2 • 2 • 2 • 2

54 ～ 56

一天，鲁迅走进一家理发店。理发师从上到下看了看鲁迅，心里想：这个人一看衣服就知道没什么钱。于是，他马马虎虎地给鲁迅理了发。鲁迅不但没有生气，还从兜里随便掏出一把钱，也不数数是多少，直接交给理发师，理发师特别高兴。

过了一段时间，鲁迅又来理发。理发师心想：这回可要认认真真理才行。于是，理发师拿出全部看家本领，非常精细地给鲁迅理发，满脸写着谦虚和尊敬，还时不时与鲁迅说几句笑话。理发师心里打着如意算盘：看来今天又能拿到不少钱了！谁知，鲁迅掏出钱来，仔细地数，然后交给理发师，一点儿也没多给。理发师很奇怪："先生，今天您怎么就给这点儿？您上回……"

鲁迅笑笑，说："上回你马马虎虎地理，我就马马虎虎地给；这次你认认真真地理，我便认认真真地给。"说完，背着手走了。

鲁迅先生用自己的幽默和智慧，巧妙地教育了理发师。

【54】鲁迅第一次见到理发师时，理发师：

A 没认出来鲁迅

B 理发非常认真

C 认为鲁迅很穷

D 没要鲁迅的钱

【55】鲁迅第二次去理发，理发师是怎么做的？

A 很尊敬鲁迅

B 态度很不谦虚

C 一直跟别人说笑话

D 没有使出全部的本领

【56】通过鲁迅的教育，理发师应该学会了什么？

A 以貌取人

B 以诚待人

C 幽默风趣

D 努力工作

MHK

中国少数民族汉语水平等级考试仿真试卷（八）

［一级］

卷Ⅱ

书 面 表 达

第二部分

（作文，20 分钟）

作 文 要 求
1. 写作前认真阅读作文提示，按提示要求在规定的时间内写完。
2. 每个空格写一个汉字，汉字书写要清楚工整；每个标点符号占一个空格，标点符号使用要规范。
3. 作文中不得出现跟考生有关的校名、地名和真人姓名。
4. 保持卷面整洁，不得涂划损坏答卷。

作文提示：

一学期就要结束了，请你给爸爸、妈妈写一封 150 字左右的信，说说自己在学校的学习、课外活动等情况。

一、听力理解

（30 题，约 20 分钟）

扫一扫，🎧 1—30

第一部分

说明：1 ～ 10 题，这部分试题，你在听到录音中的一句话后，请根据说话的内容，在 A B C D 四个备选答案中选出与这句话搭配最恰当的一句话。

例如：第 6 题，你听到：

女：她要借你的铅笔，你怎么不借呢？

你在试卷上看到四个答案：

A 我会答应的

B 我也忘带了

C 她想用新的

D 她借给我了

第 6 题最恰当的答案是 B，你应在答题卡上找到号码 6，在字母 B 上画一横道。横道一定要画得粗一些，重一些。

6. [A] ■ [C] [D]

1. A 真漂亮啊
   B 看不出来
   C 你看看吧
   D 我不会画

2. A 找到了
   B 很好骑
   C 刚买的
   D 我会骑

3. A 暑假最长
   B 放 3 天假
   C 期待放假
   D 后天开始

4. A 她不在
   B 一起去
   C 她生病了
   D 她着急了

5. A 联系联系
   B 联系不上
   C 来，联系一下
   D 好的，常联系

6. A 我找张伟
   B 我马上来
   C 我不在办公室
   D 办公室有老师

7. A 我停车
B 我开车
C 我马上走
D 我这就停

8. A 谢谢你
B 不客气
C 对不起
D 没关系

9. A 挺舒服的
B 有一点儿
C 有人找你
D 好好儿休息

10. A 我也报名了
B 周末开运动会
C 在办公室报名
D 我帮你报名吧

2 • 2 • 2 • 2 • 2 • 2 • 2

二、阅读理解

第一部分

（15 题，15 分钟）

说明： 31 ～ 45 题，每题中都有一个空儿，每个空儿都有 A B C D 四个答案，请根据句子前后的意思选出最恰当的答案填上，并在答题卡上找到试题号码，在代表正确答案的字母上画一横道。

31. ____我的经验来看，这些香蕉还得放上几天才能吃。
    A 用
    B 以
    C 拿
    D 借

32. 我每天都先搞卫生，然后____看书、备课。
    A 再
    B 又
    C 还
    D 也

33. 山里的风景美极了，____是那千变万化的云雾。
    A 尤其
    B 或者
    C 至少
    D 最好

34. 既然你不会开车，那就____由我来开了。
    A 尽量
    B 尽管
    C 只好
    D 只是

35. 天气预报说今天要下雨，今天____下雨了。
    A 自然
    B 因而
    C 因此
    D 果然

36. 去欧洲这一____旅行最少得走10天。
    A 个
    B 趟
    C 项
    D 种

2 · 2 · 2 · 2 · 2 · 2 · 2

37. 他们已选好最____的人来做那项工作。
A 舒适
B 适应
C 适宜
D 适合

38. 小姑娘____、善良的个性赢得了我们的好感。
A 温暖
B 天真
C 幸福
D 严格

39. 看到那件艺术品时，他惊叹道："太____了！"
A 全面
B 完全
C 完整
D 完美

40. 同学们应该多交流，听听大家的____，有益无害。
A 意义
B 意见
C 意志
D 原因

41. 你肩膀上____越重，就要越能忍耐，这样才可能把事情做好。
A 物质
B 任务
C 责任
D 东西

42. 条件越____，越能锻炼人。
A 艰巨
B 辛苦
C 艰苦
D 刻苦

43. 千万不要去____小树，它还没长牢呢。
A 摘
B 抓
C 拿
D 摇

44. 王明坐在教室的最后一排，聚精会神地____。
A 听讲
B 听话
C 听说
D 听见

45. 很多年轻人不珍惜时间，因为他们觉得____时间。
A 没关系
B 少不了
C 有的是
D 有点儿

2・2・2・2・2・2・2

51 ～ 53

有一年，一位著名的哈佛大学的教授，给刚入学的新生出了一道测试题："一加一等于几？"学生们先是一阵大笑，然后心里想：这么简单的题，连三岁小孩儿都会，看来其中必有其他深意！于是，有 85% 的学生竟没有给出答案，5% 的学生回答是"三"，至于剩下 10% 的学生，答案五花八门。

最后，教授公布了答案："二！"学生们你看看我，我看看你。教授意味深长地说："一加一等于二，这是一个不变的真理，不能、也不会因为外界因素的改变而改变。"

【51】面对教授的问题：

A 5% 的学生答错了

B 10% 的学生答对了

C 三岁的孩子答对了

D 大部分学生没给答案

【52】公布正确答案的是：

A 出题的教授

B 少部分学生

C 大多数学生

D 所有的学生

【53】教授出这道题的目的是：

A 考查学生们的数学能力

B 测试学生们的知识水平

C 提醒学生们注意外界因素

D 告诉学生们真理是不变的

2 • 2 • 2 • 2 • 2 • 2 • 2

54 ～ 56

英国《太阳报》曾以“什么样的人最快乐”为题，举办了一次有奖征答活动，从应征的八万多封来信中评出 4 个最佳答案：

1. 作品刚刚完成，吹着口哨欣赏自己作品的艺术家；

2. 正在用沙子筑城堡的儿童；

3. 为婴儿洗澡的母亲；

4. 千辛万苦开刀后，终于挽救了危重病人的外科医生。

要使自己成为快乐的人，从第一个答案中我们知道必须工作，有工作，就会使人快乐；第二个答案告诉我们，要学会快乐，必须充满想象，对未来充满希望；第三个答案告诉我们，要学会快乐，一定要心中有爱——那种无私的、不计报酬的爱；第四个答案告诉我们，要学会快乐，一定要有能力，要有助人为乐的技能。

【54】根据本文，儿童的快乐来自于：

A 充满希望

B 自由玩乐

C 建筑城堡

D 心中有爱

【55】根据本文，医生的快乐来自于：

A 无私地付出

B 拥有丰富的想象

C 有帮助别人的能力

D 得到一份满意的工作

【56】根据本文，给人们带来快乐的是：

A 工作、希望、爱、健康

B 工作、希望、爱、财富

C 工作、幻想、爱、能力

D 工作、希望、爱、能力

MHK
中国少数民族汉语水平等级考试仿真试卷（九）

［一级］

卷Ⅱ

书 面 表 达

第二部分

（作文，20分钟）

作 文 要 求
1. 写作前认真阅读作文提示，按提示要求在规定的时间内写完。
2. 每个空格写一个汉字，汉字书写要清楚工整；每个标点符号占一个空格，标点符号使用要规范。
3. 作文中不得出现跟考生有关的校名、地名和真人姓名。
4. 保持卷面整洁，不得涂划损坏答卷。

作文提示：

请仔细观察下面这幅图画，发挥想象，然后写一篇150字左右的小作文，自拟题目。

一、听力理解

（30 题，约 20 分钟）

第一部分

扫一扫，🎧 1—30

说明：1 ～ 10 题，这部分试题，你在听到录音中的一句话后，请根据说话的内容，在 A B C D 四个备选答案中选出与这句话搭配最恰当的一句话。

例如：第 6 题，你听到：

女：她要借你的铅笔，你怎么不借呢？

你在试卷上看到四个答案：

A 我会答应的

B 我也忘带了

C 她想用新的

D 她借给我了

第 6 题最恰当的答案是 B，你应在答题卡上找到号码 6，在字母 B 上画一横道。横道一定要画得粗一些，重一些。

6. [A] ■ [C] [D]

1. A 骑车来的
   B 是红色的
   C 我也不知道
   D 花儿很漂亮

2. A 我没有妹妹
   B 我看见她了
   C 她跳得真不错
   D 她跳过民族舞

3. A 春天花开了
   B 明天天气好
   C 咱俩去游泳
   D 我们班也去

4. A 作业特别多
   B 点蜡烛写的
   C 停了两小时
   D 没法看电视

5. A 谢谢
   B 对不起
   C 您慢用
   D 欢迎再来

6. A 您好，请坐
   B 您好，请进
   C 好的，请稍等
   D 好的，您先看看

1 • 1 • 1 • 1 • 1 • 1 • 1

7. A 我在医院
   B 我知道了
   C 咱们去医院
   D 医院很安静

8. A 我来过这里
   B 我喜欢玩儿
   C 没啥好玩儿的
   D 我到这里两天了

9. A 我去过
   B 她在家
   C 她家挺大的
   D 我记不清了

10. A 我不会开车
    B 我坐公共汽车
    C 我特别想回家
    D 我到家跟爸爸说

2·2·2·2·2·2·2

二、阅读理解

第一部分

（15 题，15 分钟）

说明：31 ～ 45 题，每题中都有一个空儿，每个空儿都有 A B C D 四个答案，请根据句子前后的意思选出最恰当的答案填上，并在答题卡上找到试题号码，在代表正确答案的字母上画一横道。

31. 和平年代，学生们能____明亮的教室里上课，多么幸福啊！
   A 用
   B 借
   C 在
   D 以

32. 她是我见过的做事____认真的人了。
   A 都
   B 最
   C 好
   D 更

33. 经过不断的努力，他____获得了这个项目的冠军！
   A 重新
   B 从此
   C 终于
   D 到底

34. 我____把这些衣服都洗完了，可以休息一会儿了。
   A 反正
   B 当然
   C 永远
   D 总算

35. 我打算今天出去玩儿的，____下雨了，只能待在家里了。
   A 如果
   B 可是
   C 要是
   D 另外

36. 我新买了一____笔，特别好用。
   A 节
   B 根
   C 只
   D 支

2 • 2 • 2 • 2 • 2 • 2 • 2

37. 这位____的母亲给入睡的孩子盖好被子。
A 优秀
B 耐心
C 细心
D 热情

38. 小明爬树像猴子____敏捷。
A 匆匆
B 出色
C 标准
D 一样

39. 我们的节目排练了两星期，明天就要____上台演出了。
A 正常
B 正式
C 正确
D 正在

40. 教师节，同学们送给老师一张贺卡，表达他们对老师的____。
A 心意
B 意义
C 意思
D 满意

41. ____是我心中最温暖的地方。
A 本地
B 城镇
C 城市
D 故乡

42. 人生的____虽然漫长，但紧要处常常只有几步。
A 路上
B 道路
C 街道
D 公路

43. 春天来了，小草悄悄地从泥土里____出头来，嫩嫩的、绿绿的。
A 望
B 挺
C 挑
D 探

44. 这部电影已经拍完，目前处于____阶段。
A 传送
B 传播
C 宣布
D 宣传

45. 娱乐频道的节目很____，大人、小孩儿都喜欢看。
A 怎么样
B 大不了
C 有意思
D 什么的

2·2·2·2·2·2·2

51 ～ 53

我偶然看见一群蚂蚁在搬运一只大青虫。

大青虫又肥又重，看起来足足有一只蚂蚁的 3 倍那么大。只见蚂蚁们用触角与同伴交流着，估计是想再多找一些蚂蚁来。很快，蚂蚁大军浩浩荡荡地来了。蚂蚁们分成两排，开始努力地搬运，费了好半天劲才把大青虫搬到洞口附近的草丛里。剩下的路虽然很短，但是草丛里布满了大大小小的沙石，蚂蚁们齐心协力，翻山越岭，终于把大青虫运进洞里。只见蚂蚁们又相互触碰着触角，我想它们一定是在庆祝胜利吧！

看着看着，我忽然明白了：无论蚂蚁多么渺小，只要团结一心，就可以克服困难，哪怕横在它们面前的是一座山、一片海。

【51】大青虫有多大？

A 像草一样高

B 和沙石一样大

C 是蚂蚁的 3 倍大

D 是两排蚂蚁那么大

【52】蚂蚁们第一次互碰触角，是为了：

A 庆祝胜利

B 确认有多远

C 多叫些蚂蚁来

D 找到去洞口的路

【53】本文告诉我们的道理是：

A 小也可以胜大

B 坚持就是胜利

C 勇气能让人自信

D 团结能战胜困难

2 • 2 • 2 • 2 • 2 • 2 • 2

54 ～ 56

在东北的时候，我们和房东老两口同住一个院子。我的两个孩子还小的时候，他们替我看过孩子。老太太下地干活儿，我也常常带孩子们去帮忙。每天和老人家打交道，在朝夕相处间建立了很亲密的关系。在愉快相处中，我很幸运地从老人身上学到了很重要的人生道理。

房东老先生身体不行了，住进了养老院，家里只剩下老太太一个人。想到她一个人不方便，我做了好吃的东西，都要送一碗给老太太。老太太总是乐呵呵地收下，过两天后再上门还碗、道谢。那只碗从来都是满的，有时装的是自己收获的蓝莓，有时是给孩子们的巧克力，有时是两块点心……总之，她从来不还空碗。老太太从未讲过她的人生哲学，但是用行动告诉我：接受了别人的好处，光用嘴道谢还不够，一定要用实际行动来还，哪怕是不值钱的小东西。

【54】“我”在东北时，房东老两口：

A 从不下地干活儿

B 和“我”住一个院

C 很少与“我”来往

D 没替“我”看过孩子

【55】老太太接受了“我”送的东西后：

A 总是感动得哭起来

B 立刻送到养老院去

C 过两天再来感谢“我”

D 当场就把碗还给“我”

【56】根据本文，老太太的人生哲学应该是：

A 要登门表达感谢

B 应与人愉快相处

C 用行动向别人道谢

D 拿不值钱的东西还礼

MHK
中国少数民族汉语水平等级考试仿真试卷（十）

［一级］

卷Ⅱ

书 面 表 达

第二部分

（作文，20 分钟）

作 文 要 求
1. 写作前认真阅读作文提示，按提示要求在规定的时间内写完。
2. 每个空格写一个汉字，汉字书写要清楚工整；每个标点符号占一个空格，标点符号使用要规范。
3. 作文中不得出现跟考生有关的校名、地名和真人姓名。
4. 保持卷面整洁，不得涂划损坏答卷。

作文提示：

就要小学毕业了，离开学校前，你有很多话想对老师说……

请你以日记的形式和老师说说心里话。150 字左右。

第二部分

说明：11 ～ 30 题，这部分试题，你将听到两个人的对话和几段简短的对话或讲话，每段话之后，根据内容提出问题，请你在 A B C D 四个备选答案中选出最恰当的答案。

例如：第 18 题，你听到：

男：李小芳，我是王刚，今天数学老师留的是什么作业？

女：把第 5 课的课后练习全部做一遍。

问：王刚正在做什么？

你在试卷上看到四个答案：

A 休息　　B 上课　　C 打电话　　D 写作业

根据对话，第 18 题最恰当的答案是 C，你应在答题卡上找到号码 18，在字母 C 上画一横道。横道一定要画得粗一些，重一些。

18. [A]　　[B]　　■　　[D]

一段对话或一段简短讲话的答题形式跟上面的例题相同。

好，请大家准备好，我们开始做第 11 题。

11．男：这次运动会王小明一下子拿了两个第一名！
女：这和他平时坚持锻炼是分不开的。
问：关于王小明，我们可以知道什么？

12．男：你家的电话号码是多少？
女：我跟你说过好几遍了，你怎么还没记住？
问：女的是什么语气？

13．男：这里的小吃很有名，我们尝尝去！
女：晚饭吃得太多了，实在没地方了。
问：女的是什么意思？

14．男：快开学了，我的作业还没做完呢。
女：那你还不抓紧时间？你妈知道了，非生气不可！
问：女的是什么意思？

15. 男：您好，我的座位在 3 号车厢，我能跟您换个座位吗？
    女：好的，没问题。
    问：这段对话最有可能发生在哪儿？

16. 男：明天咱们一起去看电影吧？
    女：不行啊，我得陪我妈去医院。
    问：女的明天要做什么？

17. 男：今天的土豆丝真好吃！
    女：你爸爸知道你最喜欢这个菜，特意为你做的。
    问：说话人最有可能是什么关系？

18. 男：这个秘密你可不能告诉别人哦！
    女：我怎么会告诉别人呢？
    问：女的是什么意思？

19. 男：借给我 10 块钱好吗？我今天忘带买午饭的钱了。
    女：你总是这么马马虎虎的。
    问：女的认为男的怎么样？

20. 男：这儿的天气太热了！
    女：这还叫热啊，我们广州比这儿热多了。
    问：根据对话，我们可以知道什么？

21 到 22 题是根据下面一段对话：

男：喂？妈，您在哪儿呢？
女：我在红星小区的北门。
男：我在东门呢。
女：你怎么去东门了呢？我不是说了在北门见吗？
男：我走错了，我马上来。
女：你快点儿啊！我等你。

21. 问：根据对话，说话人正在做什么？
22. 问：男的在哪儿？

23 到 24 题是根据下面一段对话：

女：今天可真冷啊！

第二部分

说明：11 ～ 30 题，这部分试题，你将听到两个人的对话和几段简短的对话或讲话，每段话之后，根据内容提出问题，请你在 A B C D 四个备选答案中选出最恰当的答案。

例如：第 18 题，你听到：

男：李小芳，我是王刚，今天数学老师留的是什么作业？

女：把第 5 课的课后练习全部做一遍。

问：王刚正在做什么？

你在试卷上看到四个答案：

A 休息　　B 上课　　C 打电话　　D 写作业

根据对话，第 18 题最恰当的答案是 C，你应在答题卡上找到号码 18，在字母 C 上画一横道。横道一定要画得粗一些，重一些。

18. [A]　　[B]　　■　　[D]

一段对话或一段简短讲话的答题形式跟上面的例题相同。

好，请大家准备好，我们开始做第 11 题。

11. 男：你怎么买了这么多东西啊？

女：这不，再过几天就是元旦了。

问：对话发生在几月？

12. 男：这么远的路你是怎么来的？

女：当然是坐火车了，我也坐不起飞机啊！

问：女的是什么意思？

13. 男：刘老师，您有时间吗？我有一些问题想问问您。

女：我得马上去楼上开会，你下午放学后到办公室找我吧。

问：说话人最有可能是什么关系？

14. 男：你怎么看上京剧了？你能看懂吗？

女：看不懂，但我喜欢看演员们的漂亮衣服。

问：根据对话，我们可以知道什么？

15．男：学校要派我去美国工作一年。
女：好啊，那你的英语水平会大大提高的。
问：男的要去美国做什么？

16．男：明天你什么时候起床？
女：你早点儿叫我吧，六点半我们就要在车站集合了。
问：女的是什么意思？

17．男：这次演出你参加了吗？
女：我和王芳都参加了。我跳了一支舞，她唱了一首歌。
问：关于王芳，我们可以知道什么？

18．男：这把红雨伞是你的，那这把蓝的呢？
女：我也不太清楚，好像是李老师的。
问：女的是什么意思？

19．男：你今天看上去脸色不太好。
女：嗯，虽然我牙不疼了，但是我还在发烧。
问：女的今天怎么了？

20．男：北京的夏天很热，冬天很干燥，春天的风很大。
女：是啊，秋天最好了。
问：说话人在谈论什么？

21 到 22 题是根据下面一段对话：
男：请问，这本书可以便宜点儿吗？
女：不能便宜，这本书卖得很好。
男：50 块钱，有点儿贵啊！
女：这样吧，您买这本书我送您一本杂志吧。
男：太好了，谢谢！
女：不客气。

21．问：这段对话最有可能发生在哪儿？
22．问：根据对话，我们可以知道什么？

23 到 24 题是根据下面一段对话：
女：你们班的李林怎么没参加毕业考试呢？

第二部分

说明：11 ～ 30 题，这部分试题，你将听到两个人的对话和几段简短的对话或讲话，每段话之后，根据内容提出问题，请你在 A B C D 四个备选答案中选出最恰当的答案。

例如：第 18 题，你听到：

男：李小芳，我是王刚，今天数学老师留的是什么作业？

女：把第 5 课的课后练习全部做一遍。

问：王刚正在做什么？

你在试卷上看到四个答案：

A 休息　　B 上课　　C 打电话　　D 写作业

根据对话，第 18 题最恰当的答案是 C，你应在答题卡上找到号码 18，在字母 C 上画一横道。横道一定要画得粗一些，重一些。

18. [A]　　[B]　　[redacted]　　[D]

一段对话或一段简短讲话的答题形式跟上面的例题相同。

好，请大家准备好，我们开始做第 11 题。

11. 男：我订了一本书，已经一星期了，还没到货吗？

女：已经到了，就在前面的那个书架上。

问：说话人最有可能在哪儿？

12. 男：听说你们那里从来都不堵车，多好啊！

女：你听谁说的？现在还有哪个城市不堵车啊！

问：根据对话，我们可以知道什么？

13. 男：你怎么这么没精神啊？昨晚开夜车了吧。

女：这不要考试了，得抓紧时间复习啊！

问：女的昨天晚上做什么了？

14. 男：选学校这么大的事儿，你怎么不问问父母呢？

女：我也想问他们，可他们忙得连家都不回，我怎么问啊？

问：女的是什么意思？

15．男：明天我们一起去故宫吧，我还没去过呢！
女：你都在北京好几年了，还没去过故宫啊？
问：关于男的，我们可以知道什么？

16．男：饭菜不合口味吗？你怎么不吃了？
女：听到这么不好的消息，我怎么能吃得下啊？
问：女的为什么不吃了？

17．男：你不是说要去看电影吗？怎么还在这儿？
女：去电影院排了半天队也没买到票，只好回来了。
问：关于女的，我们可以知道什么？

18．男：大夫，我这病严重吗？
女：没什么大事儿，吃点儿药就好了。
问：根据对话，我们可以知道什么？

19．男：爬长城太累了，咱们别去了。
女：来北京旅游的人哪有不爬长城的？
问：女的是什么意思？

20．男：母亲节快到了，你打算送给咱妈什么礼物？
女：这可不能告诉你，到时候你就知道了。
问：说话人最有可能是什么关系？

21 到 22 题是根据下面一段对话：
男：你怎么看起来不太舒服？
女：有点儿累了。
男：才坐了两个小时的车，你就累了？
女：是啊，我的腰受过伤。
男：我让我哥到前面停车，我陪你下车活动活动吧！
女：嗯，好吧。

21．问：女的为什么没精神？
22．问：说话人最有可能在哪儿？

23 到 24 题是根据下面一段对话：
女：这次考试李伟的数学又考了 100 分。

第二部分

说明： 11 ～ 30 题，这部分试题，你将听到两个人的对话和几段简短的对话或讲话，每段话之后，根据内容提出问题，请你在 A B C D 四个备选答案中选出最恰当的答案。

例如： 第 18 题，你听到：

男：李小芳，我是王刚，今天数学老师留的是什么作业？

女：把第 5 课的课后练习全部做一遍。

问：王刚正在做什么？

你在试卷上看到四个答案：

A 休息　　B 上课　　C 打电话　　D 写作业

根据对话，第 18 题最恰当的答案是 C，你应在答题卡上找到号码 18，在字母 C 上画一横道。横道一定要画得粗一些，重一些。

18. [A]　　[B]　　▬　　[D]

一段对话或一段简短讲话的答题形式跟上面的例题相同。

好，请大家准备好，我们开始做第 11 题。

11. 男：你不认真上自习，老看手表干什么？
    女：我想快点儿下课啊。
    问：对话最有可能发生在哪儿？

12. 男：妈，我给您买了双皮鞋，快试试吧！
    女：真不错，我儿子长大了，知道给妈妈买东西了。
    问：根据对话，女的是什么心情？

13. 男：这个字该怎么读啊？
    女：我也不认识，丽丽可能也不认识。
    问：关于这个字，我们可以知道什么？

14. 男：给你添麻烦了，真不好意思。
    女：瞧你说的，咱俩谁跟谁啊！
    问：女的是什么意思？

15．男：你想学画画儿？我教你吧！我是美术老师。
女：你怎么不早说？
问：根据对话，我们可以知道什么？

16．男：最近事太多了，昨天又帮朋友搬家，累死我了。
女：我说你脸色怎么这么难看呢。
问：关于男的，我们可以知道什么？

17．男：早知道这部电影这么没意思，我才不来呢！
女：就是，白花了我五十多块钱！
问：根据对话，我们可以知道什么？

18．男：你家孩子可真忙，平时要上学，周末还要上兴趣班。
女：没办法，家家都这样。
问：女的是什么意思？

19．男：明天我过生日，大家都来我家玩儿，你一定要来啊！
女：那还用说！
问：女的是什么意思？

20．男：你觉得这儿怎么样？
女：环境很好，就是上菜慢了点儿！
问：女的对什么很满意？

21 到 22 题是根据下面一段对话：
男：听说李丽的脚受伤了。
女：你才知道啊！已经好几天了。
男：你去看过她吗？
女：我每天都去给她补课。
男：那我们明天一起去吧，我也想去看看她。
女：好的，没问题。

21．问：李丽怎么了？
22．问：根据对话，我们可以知道什么？

23 到 24 题是根据下面一段对话：
女：这可怎么办啊？

第二部分

说明：11 ～ 30 题，这部分试题，你将听到两个人的对话和几段简短的对话或讲话，每段话之后，根据内容提出问题，请你在 A B C D 四个备选答案中选出最恰当的答案。

例如：第 18 题，你听到：

男：李小芳，我是王刚，今天数学老师留的是什么作业？

女：把第 5 课的课后练习全部做一遍。

问：王刚正在做什么？

你在试卷上看到四个答案：

A 休息　　B 上课　　C 打电话　　D 写作业

根据对话，第 18 题最恰当的答案是 C，你应在答题卡上找到号码 18，在字母 C 上画一横道。横道一定要画得粗一些，重一些。

18. [A]　　[B]　　■　　[D]

一段对话或一段简短讲话的答题形式跟上面的例题相同。

好，请大家准备好，我们开始做第 11 题。

11．男：您好！我的存折被我不小心弄脏了，我想换一个。
女：请您到 5 号窗口办理。
问：对话最有可能发生在哪儿？

12．男：今天周六，我们一起去看电影吧！
女：要考试了，我哪儿有时间啊？
问：女的是什么意思？

13．男：快来看，小强的文章上报纸啦！
女：是吗？真厉害啊！
问：根据对话，我们可以知道什么？

14．男：我的车最近总是出毛病。
女：你都修了好几次了，还不如卖了买辆新的。
问：女的建议男的做什么？

15．男：工作太累了，我真想不干了。
　　女：好好儿干吧，现在找工作不容易。
　　问：女的是什么意思？

16．男：照片里哪个是你，哪个是你妹妹啊？
　　女：穿红上衣、白裤子的是我，穿蓝上衣、绿裙子的是我妹妹。
　　问：妹妹穿什么颜色的上衣？

17．男：您好，我想买一盒感冒药。
　　女：感冒药在这边。请问，您需要哪一种？
　　问：男的在做什么？

18．男：这所小学有八成学生住在学校的宿舍里。
　　女：住校的学生真多！
　　问：关于这所小学，我们可以知道什么？

19．男：你今天怎么了，总是走来走去的？
　　女：明天我要参加比赛，有点儿紧张。
　　问：女的怎么了？

20．男：现在才 10 月份，怎么就下雪了呢？
　　女：就是啊！
　　问：男的是什么意思？

21 到 22 题是根据下面一段对话：
　　男：怎么一个暑假都没看到你？
　　女：我去乡下奶奶家了，上个星期刚回来。
　　男：乡下一定很好玩儿吧？
　　女：是啊，而且空气很好，很安静。
　　男：你可真幸福，我天天上补习班。
　　女：你是咱们班学习最努力的。

　　21．问：女的暑假做什么了？
　　22．问：根据对话，我们可以知道什么？

23 到 24 题是根据下面一段对话：
　　女：麻烦你今天通知同学们下个周末开运动会。

第二部分

说明：11 ～ 30 题，这部分试题，你将听到两个人的对话和几段简短的对话或讲话，每段话之后，根据内容提出问题，请你在 A B C D 四个备选答案中选出最恰当的答案。

例如：第 18 题，你听到：

男：李小芳，我是王刚，今天数学老师留的是什么作业？

女：把第 5 课的课后练习全部做一遍。

问：王刚正在做什么？

你在试卷上看到四个答案：

A 休息　　B 上课　　C 打电话　　D 写作业

根据对话，第 18 题最恰当的答案是 C，你应在答题卡上找到号码 18，在字母 C 上画一横道。横道一定要画得粗一些，重一些。

18. [A]　　[B]　　■　　[D]

一段对话或一段简短讲话的答题形式跟上面的例题相同。

好，请大家准备好，我们开始做第 11 题。

11．男：服务员，我们点的菜做好了吗？

女：请稍等，马上就做好了。

问：对话最有可能发生在哪儿？

12．男：听说你要去外地上学了？什么时候走？

女：谁说的？我去哪儿上学啊？

问：女的是什么意思？

13．男：您好！请问，有《新华字典》吗？

女：有，您要几本？

问：男的想做什么？

14．男：你的自行车是新买的吗？多少钱？

女：买的旧车，跟白送的一样！

问：根据对话，我们可以知道什么？

15. 男：我介绍给你的那本书怎么样，你喜欢吗？
女：喜欢什么呀？看不了几页我就睡着了！
问：女的是什么意思？

16. 男：你不是说要去上海旅游吗，怎么没去呢？
女：别提了，去上海的飞机票、火车票都买不到。
问：根据对话，我们可以知道什么？

17. 男：我们明天都去体育馆打篮球，你去不去？
女：明天再说。
问：女的是什么意思？

18. 男：娜娜上幼儿园时特别胖，现在变得都快认不出来了。
女：是啊，瘦了那么多。
问：根据对话，我们可以知道什么？

19. 男：乌鲁木齐的夏天真舒服，没有北京那么热。
女：但是乌鲁木齐冬天太冷了。
问：说话人在谈论什么？

20. 男：我和你约的是九点见面，你看看现在几点了？
女：真对不起，家里有点儿事。
问：女的怎么了？

21 到 22 题是根据下面一段对话：

男：哎呀，不行了，我眼睛都睁不开了。
女：再看一会吧，明天就要考试了。
男：我真的不想看了。
女：你用凉水洗洗脸就精神了。
男：好吧，听你的。
女：加油！

21. 问：男的怎么了？
22. 问：女的建议男的做什么？

23 到 24 题是根据下面一段对话：

女：东西都准备好了吗？

第二部分

说明：11 ～ 30 题，这部分试题，你将听到两个人的对话和几段简短的对话或讲话，每段话之后，根据内容提出问题，请你在 A B C D 四个备选答案中选出最恰当的答案。

例如：第 18 题，你听到：

男：李小芳，我是王刚，今天数学老师留的是什么作业？

女：把第 5 课的课后练习全部做一遍。

问：王刚正在做什么？

你在试卷上看到四个答案：

A 休息　　B 上课　　C 打电话　　D 写作业

根据对话，第 18 题最恰当的答案是 C，你应在答题卡上找到号码 18，在字母 C 上画一横道。横道一定要画得粗一些，重一些。

18. [A]　　[B]　　■　　[D]

一段对话或一段简短讲话的答题形式跟上面的例题相同。

好，请大家准备好，我们开始做第 11 题。

11．男：你要按时吃药，好好儿休息。

女：谢谢你，医生。

问：对话最有可能发生在哪儿？

12．男：昨天的电影怎么样？

女：不怎么样。

问：女的是什么意思？

13．男：他们把剩下的菜全都扔掉了，多可惜啊！

女：就是，太浪费了。

问：根据对话，我们可以知道什么？

14．男：烦死了，这雨什么时候能停啊？

女：谁知道啊！

问：男的是什么意思？

15．男：听说王强在这次比赛中得了第一名。
女：真了不起！
问：女的是什么意思？

16．男：周末公园有个画展，我们一起去看吧！
女：不行啊，我还要去图书馆准备下周的考试。
问：女的周末要做什么？

17．男：你买到喜欢的书了吗？
女：逛了一天，我也没找到喜欢的。
问：根据对话，我们可以知道什么？

18．男：她们俩长得可真像！哪个是姐姐，哪个是妹妹啊？
女：穿黄衬衫的是姐姐，穿粉色裙子的是妹妹。
问：根据对话，我们可以知道什么？

19．男：我从 4 岁就开始学英语，已经 5 年了。
女：怪不得，你的英语说得真棒！
问：女的对男的是什么态度？

20．男：我觉得爸爸、妈妈的字已经写得很好看了，没想到丽丽的字更好看。
女：他们写得都不错，不过跟爷爷比起来还是有一定差距。
问：女的觉得谁的字最好看？

21 到 22 题根据下面一段对话：
男：汉语辅导班快开班了，你报名了吗？
女：在哪儿报名？
男：办公楼 201。我们一起去吧！
女：现在我要去图书馆借书，麻烦你帮我报一下吧！
男：好的，没问题。
女：谢谢！

21．问：报名地点在哪儿？
22．问：女的要去做什么？

23 到 24 题是根据下面一段对话：
女：东东，怎么这么晚才回来？

第二部分

说明：11 ～ 30 题，这部分试题，你将听到两个人的对话和几段简短的对话或讲话，每段话之后，根据内容提出问题，请你在 A B C D 四个备选答案中选出最恰当的答案。

例如：第 18 题，你听到：

男：李小芳，我是王刚，今天数学老师留的是什么作业？

女：把第 5 课的课后练习全部做一遍。

问：王刚正在做什么？

你在试卷上看到四个答案：

A 休息　　B 上课　　C 打电话　　D 写作业

根据对话，第 18 题最恰当的答案是 C，你应在答题卡上找到号码 18，在字母 C 上画一横道。横道一定要画得粗一些，重一些。

18. [A]　　[B]　　■　　[D]

一段对话或一段简短讲话的答题形式跟上面的例题相同。

好，请大家准备好，我们开始做第 11 题。

11．男：这衣服漂亮是漂亮，就是太贵了。

女：您真想要的话，我给您打个八折吧。

问：对话最有可能发生在哪儿？

12．男：上个月我去南方旅游，有些人说的话我一句都听不懂。

女：他们说的可能是方言，所以说学习普通话很重要。

问：根据对话，我们可以知道什么？

13．男：就这么件小事，打个电话就行了，你还跑一趟。

女：我去了趟医院，顺路过来找你。

问：根据对话，我们可以知道什么？

14．男：一想到明天的手术，我就有点儿紧张。

女：你还紧张啊？你又不是第一次给病人做手术。

问：男的最有可能是做什么工作的？

15．男：您快来帮我看看这道题！
女：你没看见我正忙着吗？找你爸去！
问：说话人最有可能是什么关系？

16．男：您好，还有面条儿吗？
女：真不巧，最后一袋刚被人买走了。
问：女的是什么意思？

17．男：最近你不是在找工作吗？怎么样？
女：各单位都想要有工作经验的，可我刚毕业，哪来的工作经验？
问：关于女的，我们可以知道什么？

18．男：等到寒假的时候，您带我去西安旅游吧？
女：就是不知道能不能买到火车票。
问：女的担心什么？

19．男：咱们儿子这次考试考得怎么样？
女：不知道，他还没说。
问：根据对话，我们可以知道什么？

20．男：听说你喜欢的演员要来咱们这儿演出了。
女：是啊，我一定要买张票去看看。
问：女的是什么意思？

21 到 22 题是根据下面一段对话：
男：你觉得这部电影怎么样？
女：比我想象的差多了！
男：我觉得音乐还是挺不错的。
女：可是内容太没意思了。
男：内容是有些简单。
女：我都快睡着了。

21．问：男的觉得电影的哪方面还不错？
22．问：女的为什么快睡着了？

23 到 24 题是根据下面一段对话：
女：儿子，你怎么还不起床？

第二部分

说明：11 ～ 30 题，这部分试题，你将听到两个人的对话和几段简短的对话或讲话，每段话之后，根据内容提出问题，请你在 A B C D 四个备选答案中选出最恰当的答案。

例如：第 18 题，你听到：

男：李小芳，我是王刚，今天数学老师留的是什么作业？

女：把第 5 课的课后练习全部做一遍。

问：王刚正在做什么？

你在试卷上看到四个答案：

A 休息　　B 上课　　C 打电话　　D 写作业

根据对话，第 18 题最恰当的答案是 C，你应在答题卡上找到号码 18，在字母 C 上画一横道。横道一定要画得粗一些，重一些。

18. [A]　　[B]　　■　　[D]

一段对话或一段简短讲话的答题形式跟上面的例题相同。

好，请大家准备好，我们开始做第 11 题。

11．男：您今天头还疼吗？

女：已经不疼了，不过还是不想吃东西。

问：女的今天怎么样？

12．男：今天你喂鱼了吗？

女：哎呀，我一忙就把这事给忘了。

问：根据对话，我们可以知道什么？

13．男：孩子怎么在房间里哭了？

女：这次考试没考好，伤心呢。

问：孩子怎么了？

14．男：我今年都 65 了。

女：您哪像 65 啊？说您 56 我都相信。

问：女的是什么意思？

15. 男：小王会来听今天的音乐会吗？
    女：除非他生病，否则一定会来的。
    问：女的是什么意思？

16. 男：你说的那种邮票现在很少见了，贵着呢！
    女：那可不，一张要好几百块钱呢！
    问：女的是什么意思？

17. 男：你今年该毕业了吧？
    女：还早着呢。
    问：根据对话，我们可以知道什么？

18. 男：这鬼天气，怎么突然下起雨来了？
    女：夏天不就这样嘛。
    问：对话最有可能发生在什么季节？

19. 男：医生，我这病严重吗？
    女：不用担心，做个小手术就好了。
    问：说话人最有可能在哪儿？

20. 男：你常和邻居们聊天儿吗？
    女：是啊，“远亲不如近邻”嘛。
    问：女的常和谁聊天儿？

21 到 22 题是根据下面一段对话：

男：新年晚会你准备了什么节目？
女：还没想好呢。
男：你唱一首歌吧！
女：我唱歌的水平你还不知道？
男：咱班谁不知道你最会唱歌啊，别谦虚了。
女：让我再想想。

21. 问：说话人最有可能是什么关系？
22. 问：关于女的，我们可以知道什么？

23 到 24 题是根据下面一段对话：

女：周六咱们去饭店吃饭吧！

第二部分

说明：11 ～ 30 题，这部分试题，你将听到两个人的对话和几段简短的对话或讲话，每段话之后，根据内容提出问题，请你在 A B C D 四个备选答案中选出最恰当的答案。

例如：第 18 题，你听到：

男：李小芳，我是王刚，今天数学老师留的是什么作业？

女：把第 5 课的课后练习全部做一遍。

问：王刚正在做什么？

你在试卷上看到四个答案：

A 休息　　B 上课　　C 打电话　　D 写作业

根据对话，第 18 题最恰当的答案是 C，你应在答题卡上找到号码 18，在字母 C 上画一横道。横道一定要画得粗一些，重一些。

18. [A]　　[B]　　■　　[D]

一段对话或一段简短讲话的答题形式跟上面的例题相同。

好，请大家准备好，我们开始做第 11 题。

11．男：最近怎么一直没有看见你？

女：我去上海待了一个星期，前天刚回来。

问：根据对话，我们可以知道什么？

12．男：你是不是对我有意见？怎么我说什么你都反对啊？

女：我不是对你有意见，我也有自己的想法啊！

问：关于女的，我们可以知道什么？

13．男：不跟你聊了，我得去上课了。

女：等等，我还没说完呢！

问：男的要去做什么？

14．男：今天我们老师给每人发了一本故事书。

女：什么故事书？能给我看看吗？

问：根据对话，我们可以知道什么？

15. 男：你现在就开始准备下个月的考试啦？
女：我没你聪明，所以得比你勤奋一些才行。
问：女的认为自己怎么样？

16. 男：你在看什么？给我看看！
女：小声点儿！我妈不让我看小说。
问：女的是什么意思？

17. 男：谢谢您帮我把孩子抱下来。
女：咱们楼上楼下住着，您别客气！
问：说话人最有可能是什么关系？

18. 男：什么时候才能到山顶啊？
女：再努把力，一会儿就到了。
问：说话人在做什么？

19. 男：天气预报说明天有中到大雨，我们不能去春游了。
女：太可惜了！大家都盼了好长时间了。
问：明天的天气怎么样？

20. 男：您的表演真是太精彩了，请您再为我们表演一个节目吧！
女：不好意思，时间关系不能再为大家表演了，下次吧。
问：女的为什么不再表演了？

21 到 22 题是根据下面一段对话：
男：你今天早上吃早饭了吗？
女：我今天起晚了，只喝了一杯牛奶。你呢？
男：我吃了馒头、鸡蛋，还有粥。
女：还吃得不少啊！
男：多吃点儿上午上课才有精神啊！
女：这我同意，可是我早上起不来。

21. 问：女的早上为什么只喝了牛奶？
22. 问：女的同意男的说的什么话？

23 到 24 题是根据下面一段对话：
男：来这儿吃饭的人不多啊！

仿真试卷（二）

一、听力理解

1. A	2. C	3. A	4. D	5. A	6. C	7. B	8. A	9. C	10. A
11. D	12. B	13. A	14. D	15. B	16. A	17. C	18. D	19. B	20. A
21. B	22. D	23. B	24. C	25. D	26. C	27. D	28. A	29. C	30. A

二、阅读理解

31. C	32. B	33. D	34. B	35. A	36. C	37. D	38. B	39. A	40. D
41. C	42. B	43. C	44. A	45. D	46. C	47. C	48. C	49. A	50. A
51. A	52. B	53. B	54. B	55. D	56. C	57. C	58. B	59. C	60. C

三、书面表达

第一部分

61. 封	62. 静	63. 醒	64. 律	65. 束
66. 览	67. 挡	68. 神	69. 播	70. 遇

第二部分

给同学的一封信

同学们：

你们好！老师让我给大家谈谈自己在学习方面的感想，我感到很高兴！

我就从以下几个方面谈吧：

第一，上课前一定要好好儿预习。做完作业，我就把第二天要学的内容先看一遍，把不懂的内容记下来。

第二，上课的时候要好好儿听老师讲课，不懂的内容要记下来，下课再问老师。

第三，下课后要好好儿复习。每天晚饭后，我先做作业，然后再把老师当天讲过的内容复习一下。

在老师的关心和帮助下，我取得了一点儿进步，今后还要继续努力学习！

祝同学们不断进步！

×××

9月12日

仿真试卷（三）

一、听力理解

1. D　2. A　3. D　4. B　5. A　6. A　7. D　8. D　9. A　10. A
11. C　12. B　13. D　14. A　15. D　16. C　17. B　18. D　19. A　20. A
21. B　22. A　23. A　24. C　25. A　26. A　27. D　28. C　29. D　30. D

二、阅读理解

31. B　32. D　33. C　34. A　35. B　36. D　37. D　38. B　39. C　40. D
41. A　42. D　43. B　44. A　45. C　46. D　47. C　48. B　49. B　50. B
51. B　52. C　53. A　54. A　55. C　56. B　57. A　58. B　59. C　60. D

三、书面表达

第一部分

61. 趟　62. 约　63. 利　64. 竟　65. 旅
66. 庭　67. 荣　68. 晒　69. 赏　70. 突

第二部分

通　　知

三至六年级各班：

为了全面提高同学们的写作水平，丰富校园文化生活，我校决定举行小学生写作大赛。希望各班迅速组队，抓紧时间练习，做好赛前组织和练习工作。

一、比赛时间：2016 年 4 月 5 日

二、比赛地点：学校阅览室

三、报名截止时间：3 月 30 日

欢迎同学们积极报名参加！

星光小学

2017 年 3 月 16 日

仿真试卷（六）

一、听力理解

1. D　2. A　3. A　4. D　5. D　6. C　7. B　8. D　9. B　10. A
11. C　12. B　13. D　14. B　15. C　16. A　17. C　18. A　19. B　20. A
21. B　22. D　23. A　24. A　25. C　26. D　27. C　28. A　29. C　30. D

二、阅读理解

31. D　32. B　33. C　34. D　35. A　36. C　37. D　38. B　39. A　40. C
41. D　42. A　43. C　44. D　45. C　46. D　47. C　48. D　49. D　50. C
51. C　52. A　53. C　54. C　55. D　56. C　57. C　58. A　59. C　60. A

三、书面表达

第一部分

61. 似　62. 瘦　63. 培　64. 除　65. 需
66. 望　67. 名　68. 游　69. 纪　70. 府

第二部分

9月4日　星期一　阴

今年暑假，我家来了一位“小客人”，它就是我非常喜爱的小狗，名字叫“乐乐”。

乐乐可爱极了，长着一身白白的毛。从它那圆圆的大眼睛和不停地摇尾巴的样子中，你能看出它是个调皮的小家伙。

我写作业时，它好像很听话地在旁边看着我，我一转身，铅笔就不见了，开始我还以为是自己放错了地方，但看到乐乐的样子，我马上就知道是它干的，我抓住它，狠狠地骂了它一顿。

乐乐也挺聪明，我做完作业有点儿累时，就叫乐乐给我开电视，它会马上“按”开电视，然后得意地看着我。

我爱乐乐，它给我带来了不少快乐！

仿真试卷（七）

一、听力理解

1. D	2. C	3. C	4. B	5. A	6. B	7. D	8. D	9. B	10. A
11. C	12. B	13. D	14. C	15. A	16. A	17. B	18. B	19. D	20. C
21. C	22. B	23. C	24. B	25. D	26. A	27. D	28. B	29. D	30. B

二、阅读理解

31. C	32. D	33. B	34. A	35. B	36. D	37. C	38. D	39. A	40. C
41. B	42. C	43. B	44. A	45. D	46. C	47. A	48. D	49. C	50. B
51. A	52. B	53. A	54. B	55. D	56. A	57. A	58. B	59. C	60. B

三、书面表达

第一部分

61. 冠	62. 航	63. 闻	64. 忍	65. 恢
66. 相	67. 实	68. 竞	69. 富	70. 确

第二部分

4月20日　星期四　晴

今天上午，老师告诉我们下午上活动课，老师让我们带上画笔、小剪刀、胶水、彩色纸、小花布、针线等，我们别提有多高兴了！

下午，同学们早早地就来到了教室，然后老师把我们分成了几个小组。我们小组的同学，有的给洋娃娃做小衣服，有的说要给爷爷奶奶建一个漂亮的小房子。我想给妈妈做一张节日贺卡和一朵好看的花，因为马上就要到母亲节了，我要把自己亲手做的小礼物，在母亲节那天送给妈妈。贺卡和花比较难做，但是我一点儿一点儿慢慢做，终于做好了，我太高兴了！

今天的活动课是一堂非常有趣的活动课，真心希望以后有更多有意思的活动课！

仿真试卷（十）

一、听力理解

1. C　2. C　3. D　4. B　5. A　6. C　7. B　8. C　9. D　10. B
11. C　12. C　13. B　14. B　15. A　16. C　17. D　18. C　19. B　20. C
21. A　22. D　23. B　24. C　25. C　26. B　27. D　28. D　29. D　30. A

二、阅读理解

31. C　32. B　33. C　34. D　35. B　36. D　37. C　38. D　39. B　40. A
41. D　42. B　43. D　44. D　45. C　46. A　47. D　48. C　49. D　50. D
51. C　52. C　53. D　54. B　55. C　56. C　57. C　58. D　59. B　60. C

三、书面表达

第一部分

61. 座　62. 超　63. 搬　64. 扬　65. 再
66. 评　67. 驾　68. 联　69. 挥　70. 适

第二部分

5 月 10 日　星期三　晴

我们就要小学毕业了，我真舍不得离开学校，舍不得离开老师们！一看到老师们，我就忍不住想哭。

在学校的 6 年时间里，我从一开始的什么都不会的、淘气的小孩子成长为一名优秀的少先队员。在这 6 年的时间里，我懂得了怎样关心别人，怎样关心班集体；我也学到了很多知识。我特别喜欢听老师们讲课，老师们讲课可有耐心了。我想，将来我也要当一名老师。

现在，虽然我就要离开学校去一个新的学习环境了，但我不会忘记老师们！敬爱的老师们，请你们放心，我一定好好儿学习，明年的教师节，我再以好的成绩来向你们汇报！

白 色 检 测 区 ， 请 勿 污 染 ！

100 字

200 字

300 字

400 字

MHK

中国少数民族汉语水平等级考试（一级）答题卡

白色检测区，请勿污染！

填涂说明

1. 答题前，考生先将自己的姓名等填写清楚。
2. 选择题必须使用2B铅笔填涂，作文必须使用黑色钢笔或签字笔书写，应字体工整、笔迹清楚。
3. 保持卷面整洁，不要折叠、弄破，不准使用涂改液、刮纸刀。
4. 填涂示例：正确填涂 ▬
   错误填涂 [A][B][C][D]

贴条形码区

姓　　名：＿＿＿＿＿＿＿＿

性　　别：男▭　女▭　试卷号码：＿＿＿＿

考 场 号：＿＿＿＿　座 位 号：＿＿＿＿

准考证序号：＿＿＿＿＿＿＿＿

A

选择题

1[A][B][C][D]	13[A][B][C][D]	25[A][B][C][D]	37[A][B][C][D]	49[A][B][C][D]
2[A][B][C][D]	14[A][B][C][D]	26[A][B][C][D]	38[A][B][C][D]	50[A][B][C][D]
3[A][B][C][D]	15[A][B][C][D]	27[A][B][C][D]	39[A][B][C][D]	51[A][B][C][D]
4[A][B][C][D]	16[A][B][C][D]	28[A][B][C][D]	40[A][B][C][D]	52[A][B][C][D]
5[A][B][C][D]	17[A][B][C][D]	29[A][B][C][D]	41[A][B][C][D]	53[A][B][C][D]
6[A][B][C][D]	18[A][B][C][D]	30[A][B][C][D]	42[A][B][C][D]	54[A][B][C][D]
7[A][B][C][D]	19[A][B][C][D]	31[A][B][C][D]	43[A][B][C][D]	55[A][B][C][D]
8[A][B][C][D]	20[A][B][C][D]	32[A][B][C][D]	44[A][B][C][D]	56[A][B][C][D]
9[A][B][C][D]	21[A][B][C][D]	33[A][B][C][D]	45[A][B][C][D]	57[A][B][C][D]
10[A][B][C][D]	22[A][B][C][D]	34[A][B][C][D]	46[A][B][C][D]	58[A][B][C][D]
11[A][B][C][D]	23[A][B][C][D]	35[A][B][C][D]	47[A][B][C][D]	59[A][B][C][D]
12[A][B][C][D]	24[A][B][C][D]	36[A][B][C][D]	48[A][B][C][D]	60[A][B][C][D]

注意：请用正楷在米字格内书写，不要在[A][B]上做任何标记。

61[A][B]　62[A][B]　63[A][B]　64[A][B]　65[A][B]

66[A][B]　67[A][B]　68[A][B]　69[A][B]　70[A][B]

书面表达（作文）

（20分钟）

（2）

作文要求

1. 写作前认真阅读作文提示，按提示要求在规定的时间内写完。
2. 每个空格写一个汉字，汉字书写要清楚工整；每个标点符号占一个空格，标点符号使用要规范。
3. 作文中不得出现跟考生有关的校名、地名和真人姓名。
4. 保持卷面整洁，不得涂划损坏答卷。

翻开此页到背面答题

注意作文格式及字数要求

中国　北京

教育部考试中心监制

白 色 检 测 区 ，请 勿 污 染 ！

100 字

200 字

300 字

400 字

MHK

中国少数民族汉语水平等级考试（一级）答题卡

白色检测区，请勿污染！

姓　名：________________

性　别：男□　女□　试卷号码：________

考场号：________　座位号：________

准考证序号：________________

填涂说明

1. 答题前，考生先将自己的姓名等填写清楚。
2. 选择题必须使用2B铅笔填涂，作文必须使用黑色钢笔或签字笔书写，应字体工整、笔迹清楚。
3. 保持卷面整洁，不要折叠、弄破，不准使用涂改液、刮纸刀。
4. 填涂示例：正确填涂 ▬
   错误填涂 [A̸][B̸][C̶][D̶]

贴条形码区

A

选择题

1[A][B][C][D]	13[A][B][C][D]	25[A][B][C][D]	37[A][B][C][D]	49[A][B][C][D]
2[A][B][C][D]	14[A][B][C][D]	26[A][B][C][D]	38[A][B][C][D]	50[A][B][C][D]
3[A][B][C][D]	15[A][B][C][D]	27[A][B][C][D]	39[A][B][C][D]	51[A][B][C][D]
4[A][B][C][D]	16[A][B][C][D]	28[A][B][C][D]	40[A][B][C][D]	52[A][B][C][D]
5[A][B][C][D]	17[A][B][C][D]	29[A][B][C][D]	41[A][B][C][D]	53[A][B][C][D]
6[A][B][C][D]	18[A][B][C][D]	30[A][B][C][D]	42[A][B][C][D]	54[A][B][C][D]
7[A][B][C][D]	19[A][B][C][D]	31[A][B][C][D]	43[A][B][C][D]	55[A][B][C][D]
8[A][B][C][D]	20[A][B][C][D]	32[A][B][C][D]	44[A][B][C][D]	56[A][B][C][D]
9[A][B][C][D]	21[A][B][C][D]	33[A][B][C][D]	45[A][B][C][D]	57[A][B][C][D]
10[A][B][C][D]	22[A][B][C][D]	34[A][B][C][D]	46[A][B][C][D]	58[A][B][C][D]
11[A][B][C][D]	23[A][B][C][D]	35[A][B][C][D]	47[A][B][C][D]	59[A][B][C][D]
12[A][B][C][D]	24[A][B][C][D]	36[A][B][C][D]	48[A][B][C][D]	60[A][B][C][D]

注意：请用正楷在米字格内书写，不要在[A][B]上做任何标记。

61[A][B]　62[A][B]　63[A][B]　64[A][B]　65[A][B]

66[A][B]　67[A][B]　68[A][B]　69[A][B]　70[A][B]

书面表达（作文）

（20分钟）

（2）

作文要求

1. 写作前认真阅读作文提示，按提示要求在规定的时间内写完。
2. 每个空格写一个汉字，汉字书写要清楚工整；每个标点符号占一个空格，标点符号使用要规范。
3. 作文中不得出现跟考生有关的校名、地名和真人姓名。
4. 保持卷面整洁，不得涂划损坏答卷。

翻开此页到背面答题

注意作文格式及字数要求

中国　北京

教育部考试中心监制

白 色 检 测 区 ， 请 勿 污 染 ！

100 字

200 字

300 字

400 字

MHK

中国少数民族汉语水平等级考试（一级）答题卡

白色检测区，请勿污染！

填涂说明

1. 答题前，考生先将自己的姓名等填写清楚。
2. 选择题必须使用2B铅笔填涂，作文必须使用黑色钢笔或签字笔书写，应字体工整、笔迹清楚。
3. 保持卷面整洁，不要折叠、弄破，不准使用涂改液、刮纸刀。
4. 填涂示例：正确填涂 ■
   错误填涂 [A̸] [B̸] [C̸] [D̸]

贴条形码区

姓　　名：________________

性　　别：男 ▭　女 ▭　试卷号码：________

考 场 号：__________　座 位 号：________

准考证序号：________________

A ■

选 择 题

1 [A][B][C][D]	13 [A][B][C][D]	25 [A][B][C][D]	37 [A][B][C][D]	49 [A][B][C][D]
2 [A][B][C][D]	14 [A][B][C][D]	26 [A][B][C][D]	38 [A][B][C][D]	50 [A][B][C][D]
3 [A][B][C][D]	15 [A][B][C][D]	27 [A][B][C][D]	39 [A][B][C][D]	51 [A][B][C][D]
4 [A][B][C][D]	16 [A][B][C][D]	28 [A][B][C][D]	40 [A][B][C][D]	52 [A][B][C][D]
5 [A][B][C][D]	17 [A][B][C][D]	29 [A][B][C][D]	41 [A][B][C][D]	53 [A][B][C][D]
6 [A][B][C][D]	18 [A][B][C][D]	30 [A][B][C][D]	42 [A][B][C][D]	54 [A][B][C][D]
7 [A][B][C][D]	19 [A][B][C][D]	31 [A][B][C][D]	43 [A][B][C][D]	55 [A][B][C][D]
8 [A][B][C][D]	20 [A][B][C][D]	32 [A][B][C][D]	44 [A][B][C][D]	56 [A][B][C][D]
9 [A][B][C][D]	21 [A][B][C][D]	33 [A][B][C][D]	45 [A][B][C][D]	57 [A][B][C][D]
10 [A][B][C][D]	22 [A][B][C][D]	34 [A][B][C][D]	46 [A][B][C][D]	58 [A][B][C][D]
11 [A][B][C][D]	23 [A][B][C][D]	35 [A][B][C][D]	47 [A][B][C][D]	59 [A][B][C][D]
12 [A][B][C][D]	24 [A][B][C][D]	36 [A][B][C][D]	48 [A][B][C][D]	60 [A][B][C][D]

注意：请用正楷在米字格内书写，不要在[A][B]上做任何标记。

61 [A][B]　62 [A][B]　63 [A][B]　64 [A][B]　65 [A][B]

66 [A][B]　67 [A][B]　68 [A][B]　69 [A][B]　70 [A][B]

书面表达（作文）

（20分钟）

（2）

作 文 要 求

1. 写作前认真阅读作文提示，按提示要求在规定的时间内写完。
2. 每个空格写一个汉字，汉字书写要清楚工整；每个标点符号占一个空格，标点符号使用要规范。
3. 作文中不得出现跟考生有关的校名、地名和真人姓名。
4. 保持卷面整洁，不得涂划损坏答卷。

翻开此页到背面答题

注意作文格式及字数要求

中国　北京

教育部考试中心监制

白色检测区，请勿污染！

100字

200字

300字

400字

MHK

中国少数民族汉语水平等级考试(一级)答题卡

白色检测区，请勿污染！

姓　　名：__________

性　　别：男□　女□　试卷号码：__________

考 场 号：__________　座 位 号：__________

准考证序号：__________

填涂说明

1. 答题前，考生先将自己的姓名等填写清楚。
2. 选择题必须使用2B铅笔填涂，作文必须使用黑色钢笔或签字笔书写，应字体工整、笔迹清楚。
3. 保持卷面整洁，不要折叠、弄破，不准使用涂改液、刮纸刀。
4. 填涂示例：正确填涂 ▬
   错误填涂 [A][B][C][D]

贴条形码区

A ▬

选择题

1[A][B][C][D]	13[A][B][C][D]	25[A][B][C][D]	37[A][B][C][D]	49[A][B][C][D]
2[A][B][C][D]	14[A][B][C][D]	26[A][B][C][D]	38[A][B][C][D]	50[A][B][C][D]
3[A][B][C][D]	15[A][B][C][D]	27[A][B][C][D]	39[A][B][C][D]	51[A][B][C][D]
4[A][B][C][D]	16[A][B][C][D]	28[A][B][C][D]	40[A][B][C][D]	52[A][B][C][D]
5[A][B][C][D]	17[A][B][C][D]	29[A][B][C][D]	41[A][B][C][D]	53[A][B][C][D]
6[A][B][C][D]	18[A][B][C][D]	30[A][B][C][D]	42[A][B][C][D]	54[A][B][C][D]
7[A][B][C][D]	19[A][B][C][D]	31[A][B][C][D]	43[A][B][C][D]	55[A][B][C][D]
8[A][B][C][D]	20[A][B][C][D]	32[A][B][C][D]	44[A][B][C][D]	56[A][B][C][D]
9[A][B][C][D]	21[A][B][C][D]	33[A][B][C][D]	45[A][B][C][D]	57[A][B][C][D]
10[A][B][C][D]	22[A][B][C][D]	34[A][B][C][D]	46[A][B][C][D]	58[A][B][C][D]
11[A][B][C][D]	23[A][B][C][D]	35[A][B][C][D]	47[A][B][C][D]	59[A][B][C][D]
12[A][B][C][D]	24[A][B][C][D]	36[A][B][C][D]	48[A][B][C][D]	60[A][B][C][D]

注意：请用正楷在米字格内书写，不要在[A][B]上做任何标记。

61[A][B]　62[A][B]　63[A][B]　64[A][B]　65[A][B]

66[A][B]　67[A][B]　68[A][B]　69[A][B]　70[A][B]

书面表达(作文)

(20分钟)

(2)

作文要求

1. 写作前认真阅读作文提示，按提示要求在规定的时间内写完。
2. 每个空格写一个汉字，汉字书写要清楚工整；每个标点符号占一个空格，标点符号使用要规范。
3. 作文中不得出现跟考生有关的校名、地名和真人姓名。
4. 保持卷面整洁，不得涂划损坏答卷。

翻开此页到背面答题

注意作文格式及字数要求

中国　北京

教育部考试中心监制

白色检测区，请勿污染！

100字

200字

300字

400字

MHK

中国少数民族汉语水平等级考试（一级）答题卡

白色检测区，请勿污染！

姓　　名：__________

性　　别：男□　女□　试卷号码：__________

考 场 号：__________　座 位 号：__________

准考证序号：__________

填涂说明

1. 答题前，考生先将自己的姓名等填写清楚。
2. 选择题必须使用2B铅笔填涂，作文必须使用黑色钢笔或签字笔书写，应字体工整、笔迹清楚。
3. 保持卷面整洁，不要折叠、弄破，不准使用涂改液、刮纸刀。
4. 填涂示例：正确填涂 ■
　错误填涂 [✓][✗][−][•]

贴条形码区

A

选择题

1 [A][B][C][D]	13 [A][B][C][D]	25 [A][B][C][D]	37 [A][B][C][D]	49 [A][B][C][D]
2 [A][B][C][D]	14 [A][B][C][D]	26 [A][B][C][D]	38 [A][B][C][D]	50 [A][B][C][D]
3 [A][B][C][D]	15 [A][B][C][D]	27 [A][B][C][D]	39 [A][B][C][D]	51 [A][B][C][D]
4 [A][B][C][D]	16 [A][B][C][D]	28 [A][B][C][D]	40 [A][B][C][D]	52 [A][B][C][D]
5 [A][B][C][D]	17 [A][B][C][D]	29 [A][B][C][D]	41 [A][B][C][D]	53 [A][B][C][D]
6 [A][B][C][D]	18 [A][B][C][D]	30 [A][B][C][D]	42 [A][B][C][D]	54 [A][B][C][D]
7 [A][B][C][D]	19 [A][B][C][D]	31 [A][B][C][D]	43 [A][B][C][D]	55 [A][B][C][D]
8 [A][B][C][D]	20 [A][B][C][D]	32 [A][B][C][D]	44 [A][B][C][D]	56 [A][B][C][D]
9 [A][B][C][D]	21 [A][B][C][D]	33 [A][B][C][D]	45 [A][B][C][D]	57 [A][B][C][D]
10 [A][B][C][D]	22 [A][B][C][D]	34 [A][B][C][D]	46 [A][B][C][D]	58 [A][B][C][D]
11 [A][B][C][D]	23 [A][B][C][D]	35 [A][B][C][D]	47 [A][B][C][D]	59 [A][B][C][D]
12 [A][B][C][D]	24 [A][B][C][D]	36 [A][B][C][D]	48 [A][B][C][D]	60 [A][B][C][D]

注意：请用正楷在米字格内书写，不要在[A][B]上做任何标记。

61 [A][B]　62 [A][B]　63 [A][B]　64 [A][B]　65 [A][B]

66 [A][B]　67 [A][B]　68 [A][B]　69 [A][B]　70 [A][B]

书面表达（作文）

（20分钟）

（2）

作文要求

1. 写作前认真阅读作文提示，按提示要求在规定的时间内写完。
2. 每个空格写一个汉字，汉字书写要清楚工整；每个标点符号占一个空格，标点符号使用要规范。
3. 作文中不得出现跟考生有关的校名、地名和真人姓名。
4. 保持卷面整洁，不得涂划损坏答卷。

翻开此页到背面答题

注意作文格式及字数要求

中国　北京

教育部考试中心监制

目　　录

MHK

中国少数民族汉语水平等级考试仿真试卷（一）

［一级］

卷 I

注 意 事 项

一、中国少数民族汉语水平等级考试（一级）试卷分为卷 I 和卷 II 两部分：

1. 卷 I 为客观选择题，每题都有四个供选择的答案，要求在答卷上画出代表正确答案的字母，每题只能画一横道，如：**[A]** **[B]** ■ **[D]**，多画作废。

   请考生注意，卷 I 使用阅读机阅卷，答案必须用铅笔画在答题卡上，不能写在试卷 I 上。

   卷 I 包括三项内容，共 70 题：

   （1）听力理解（30 题，约 20 分钟）

   （2）阅读理解（30 题，30 分钟）

   （3）书面表达（10 题，5 分钟）

2. 卷 II 为书面表达主观题（作文），20 分钟。内容用黑色钢笔或签字笔写在答题卡的方格内。

   全部考试时间约 75 分钟。

二、注意看清题目的说明，严格按照说明的要求，在规定的时间内回答问题。

三、严格遵守考场规则，听从主监考的指挥。考试结束后，必须把试卷和答题卡放在桌子上，等监考人员收回、清点后，才能离场。

第二部分

说明：11 ～ 30 题，这部分试题，你将听到两个人的对话和几段简短的对话或讲话，每段话之后，根据内容提出问题，请你在 A B C D 四个备选答案中选出最恰当的答案。

例如：第 18 题，你听到：

男：李小芳，我是王刚，今天数学老师留的是什么作业？

女：把第 5 课的课后练习全部做一遍。

问：王刚正在做什么？

你在试卷上看到四个答案：

A 休息　　B 上课　　C 打电话　　D 写作业

根据对话，第 18 题最恰当的答案是 C，你应在答题卡上找到号码 18，在字母 C 上画一横道。横道一定要画得粗一些，重一些。

18. [A]　　[B]　　█　　[D]

一段对话或一段简短讲话的答题形式跟上面的例题相同。

11. A 得了冠军
    B 东西拿得多
    C 不经常锻炼
    D 没参加运动会

12. A 高兴
    B 责备
    C 满意
    D 惊慌

13. A 晚饭没吃饱
    B 不爱吃小吃
    C 找不到座位了
    D 吃不下小吃了

14. A 男的没有时间了
    B 让男的赶紧写作业
    C 不让男的告诉妈妈
    D 男的的妈妈很生气

15. A 电影院
    B 图书馆
    C 火车上
    D 汽车站

16. A 上班
    B 看电影
    C 去医院
    D 去妈妈家

17. A 同学
B 师生
C 母子
D 邻居

18. A 不知道秘密
B 不会告诉别人
C 不知道告诉谁
D 不知该怎么告诉

19. A 细心
B 认真
C 爱花钱
D 很马虎

20. A 男的觉得广州不热
B 男的觉得这里不热
C 女的觉得广州不热
D 女的觉得这里不热

21. A 开门
B 问路
C 打电话
D 买东西

22. A 东门
B 西门
C 南门
D 北门

23. A 没有风
B 没今天冷
C 比今天更冷
D 跟今天一样冷

24. A 去上课
B 在家休息
C 参加比赛
D 出去玩儿

25. A 一只小猫
B 一只小狗
C 一只兔子
D 一只小鸟

26. A 1年
B 6年
C 7年
D 8年

27. A 被姥姥批评了
B 被朋友感动了
C 被妈妈批评了
D 跟伙伴分开了

28. A 语文
B 数学
C 英语
D 音乐

29. A 上课没听懂
B 考试马虎了
C 复习不认真
D 作业没写完

30. A 学习比较努力
B 没参加期末考试
C 考试成绩全校第一
D 认为自己什么都懂了

2 • 2 • 2 • 2 • 2 • 2 • 2

第二部分

（15 题，15 分钟）

说明：46 ～ 60 题，每段文字后都有一个或几个问题，每个问题都有 A B C D 四个答案，请阅读后根据每题要求选出最恰当的答案，并在答题卡上找到试题号码，在代表正确答案的字母上画一横道。

46

昨天，妈妈带我一起去买东西，因为我是一只“小馋猫”，所以我迫不及待地跑到食品区。这里有又香又脆的薯片、又麻又辣的牛肉干、各种形状的饼干、花花绿绿的糖果，真诱人啊！

【46】“我” 急着去食品区是为了：

A 给小猫买吃的

B 给自己买吃的

C 陪妈妈买糖果

D 给妈妈买饼干

47

2007 年秋天，我参观了阳光幼儿园。最令我难忘的是幼儿园的吃饭环节：孩子们边吃饭边交谈。幼儿园的老师说：大家一起吃饭是人际交往的重要场合，孩子们吃饭时自由交谈对他们的发展有一定的好处。

【47】在阳光幼儿园，小朋友们吃饭时可以：

A 自由交谈

B 随便走动

C 开展活动

D 选择食物

48

我喜欢读书，只要一有时间就看，爸爸总是亲切地叫我“小书虫”；而妈妈就不同了，成天在我耳边说：“不要看那么多闲书，要把心思放在学习上。”

【48】这段文字主要是说：

A 我没有时间看书

B 爸爸喜欢跟我开玩笑

C 妈妈认为我不努力学习

D 爸妈对我看书的态度不同

49

我和妈妈一起坐公共汽车时，看到一位老奶奶上车了，便站起来把老奶奶扶到我的位子上坐下。这时，妈妈向我投来了赞许的目光，我心里很高兴。我想，我这样做是对的。

【49】这段文字主要说的是：

A 我给妈妈让座

B 老奶奶自己坐车

C 公共汽车人很多

D 妈妈赞同我让座

50

其实，手机是很好的学习工具。我们可以在手机上下载学习资源，随时随地进行学习。同时，我们也要管理好自己，不要总是玩手机里的各种游戏，偶尔听听歌曲什么的，放松一下还是可以的。

【50】这段文字主要说的是：

A 要随时随地学习

B 手机可以玩游戏

C 要正确利用手机

D 听音乐可以放松

57 ～ 60

弟弟对已经事业有成的哥哥说:“哥哥，我也想像你一样成功！”

哥哥和气地说:“这样吧，你很会种树，我的工厂旁边有一大块空地，咱俩就种树苗吧！一棵树苗多少钱？”

“40 元。”弟弟回答。

哥哥又说:“那块空地大约可以种 2 万棵树苗，树苗成本 80 万元。你算算，3 年后，一棵树苗可以卖多少钱？”

“大约 3000 元。”弟弟回答。

“80 万元的树苗成本和其他费用我来出。你就负责给树苗浇水、除草和施肥。3 年后，我们就有好几百万的利润，那时咱俩一人一半。”哥哥认真地说。

不料弟弟却说:“哇！我可不敢做那么大的生意，我看还是算了吧。”

是呀，一句“算了吧”就把成功的机会放弃了。有些人每天都梦想着成功，可是机会到来的时候，却不敢去尝试。因为害怕失败，所以失去了成功的机会。

【57】根据本文，弟弟希望:

A 有一块空地

B 和哥哥在一起

C 办一家大工厂

D 像哥哥一样成功

【58】哥哥给弟弟的建议是什么？

A 给树浇水

B 一起种树苗

C 做一笔大生意

D 用所有的钱买树

【59】弟弟对哥哥的建议是什么态度？

A 赞同

B 很感谢

C 不能接受

D 要试一试

【60】本文要告诉我们的是:

A 要想成功，得勇于尝试

B 要想成功，就要有梦想

C 机会来了，仔细想清楚

D 机会来了，多想想失败

3·3·3·3·3·3·3

三、书面表达

第一部分

（10 题，5 分钟）

说明：61 ～ 70 题，下面每个句子中都有一处拼音。请根据拼音，结合句子内容写出汉字。请在答题卡上找到试题的号码，把汉字写在号码处的空格里，一个空格里写一个汉字。

61．去 jiāo 区的汽车每半小时发一辆。

62．这几天不知怎么了，不是 guā 风就是下雨。

63．去年夏天，我们去北京参观过自然 bó 物馆。

64．小东到南方去了 3 个月，回来后我一看，好 pàng 啊！

65．这件衣服很结 shi ，但是样子不好看啊！

66．我保 zhèng ，从现在起不再跟同学打架了。

67．我在房间里找不到钥 shi 了，原来是姐姐拿走了。

68．办什么事都要 fú 合实际，才能达到目标。

69．他因为经常迟到被老师批评了一 dùn 。

70．今天晚上妈妈要加班，你放学回来，自己 zuò 点儿饭吃吧。

请接下去进入作文考试

⇩

MHK

中国少数民族汉语水平等级考试仿真试卷（二）

［一级］

卷 I

注 意 事 项

一、中国少数民族汉语水平等级考试（一级）试卷分为卷Ⅰ和卷Ⅱ两部分：

1. 卷Ⅰ为客观选择题，每题都有四个供选择的答案，要求在答卷上画出代表正确答案的字母，每题只能画一横道，如：**[A]** **[B]** ■ **[D]**，多画作废。

   请考生注意，卷Ⅰ使用阅读机阅卷，**答案必须用铅笔画在答题卡上**，不能写在试卷Ⅰ上。

   卷Ⅰ包括三项内容，共 70 题：

   （1）听力理解（30 题，约 20 分钟）

   （2）阅读理解（30 题，30 分钟）

   （3）书面表达（10 题，5 分钟）

2. 卷Ⅱ为书面表达主观题（作文），20 分钟。内容用黑色钢笔或签字笔写在答题卡的方格内。

   全部考试时间约 75 分钟。

二、注意看清题目的说明，严格按照说明的要求，在规定的时间内回答问题。

三、严格遵守考场规则，听从主监考的指挥。考试结束后，必须把试卷和答题卡放在桌子上，等监考人员收回、清点后，才能离场。

第二部分

说明：11 ～ 30 题，这部分试题，你将听到两个人的对话和几段简短的对话或讲话，每段话之后，根据内容提出问题，请你在 A B C D 四个备选答案中选出最恰当的答案。

例如：第 18 题，你听到：

男：李小芳，我是王刚，今天数学老师留的是什么作业？

女：把第 5 课的课后练习全部做一遍。

问：王刚正在做什么？

你在试卷上看到四个答案：

A 休息　　B 上课　　C 打电话　　D 写作业

根据对话，第 18 题最恰当的答案是 C，你应在答题卡上找到号码 18，在字母 C 上画一横道。横道一定要画得粗一些，重一些。

18. [A]　　[B]　　■　　[D]

一段对话或一段简短讲话的答题形式跟上面的例题相同。

11. A 1 月
    B 2 月
    C 11 月
    D 12 月

12. A 她没有钱买车票
    B 她是坐火车来的
    C 她不愿意坐飞机
    D 她觉得路太远了

13. A 师生
    B 朋友
    C 同学
    D 邻居

14. A 男的喜欢京剧
    B 男的看不懂京剧
    C 女的喜欢穿新衣服
    D 女的喜欢京剧演员的衣服

15. A 学习
    B 工作
    C 旅游
    D 比赛

16. A 想早点儿起床
    B 计划六点半起床
    C 打算坐车去车站
    D 要组织大家集合

17. A 没参加演出
B 表演得不好
C 唱了一首歌
D 跳了一支舞

18. A 红雨伞不是她的
B 她的雨伞是蓝色的
C 红雨伞是李老师的
D 不确定蓝雨伞是谁的

19. A 牙疼
B 发烧
C 看不清
D 脸不舒服

20. A 季节
B 风力
C 湿度
D 温度

21. A 饭店
B 书店
C 商场
D 图书馆

22. A 男的想买书和杂志
B 这本杂志卖得很好
C 这本书可以便宜卖
D 女的送给男的杂志

23. A 哥哥
B 同学
C 司机
D 老师

24. A 害怕考试
B 不想参加
C 被车撞了
D 落下课了

25. A 很勇敢
B 经常哭
C 自信心强
D 胆子很小

26. A 骑车上学
B 在车站等他
C 自己坐车上学
D 一起坐公共汽车

27. A 坐错了车
B 上学迟到
C 看不到爸爸
D 被坏人带走

28. A 同学家
B 公园里
C 商店里
D 学校里

29. A 弄乱了院子
B 踩到花儿了
C 把瓶子打碎了
D 把同学打坏了

30. A 诚实的人
B 细心的人
C 不听话的人
D 贪玩儿的人

2 • 2 • 2 • 2 • 2 • 2 • 2

第二部分

（15 题，15 分钟）

说明：46 ～ 60 题，每段文字后都有一个或几个问题，每个问题都有 A B C D 四个答案，请阅读后根据每题要求选出最恰当的答案，并在答题卡上找到试题号码，在代表正确答案的字母上画一横道。

46

每次回老家经过那个地方，我就会想起那棵老树和那个老人。老树是村里少有的大槐树，老人是我们生产队唯一的五保户老太太。

【46】这段文字主要说的是：

A 大槐树很老了

B 家乡的生产队

C 家乡的人和物

D 村里有个老太太

47

养在鱼缸中的热带金鱼，三寸来长，不管养多长时间，始终不见金鱼生长。然而，将这种金鱼放到水池中，两个月的时间，原本三寸的金鱼可以长到一尺。看来，成长需要自由的空间。

【47】这段文字主要告诉我们什么道理？

A 鱼缸限制了鱼生长

B 热带金鱼喜欢水池

C 成长需要自由的空间

D 金鱼长大需要两个月

48

男孩儿很聪明，学习又好，从小一直是老师心中的“三好学生”，家长心中的骄傲。可是，他在高考的时候却因为紧张没有考上理想的学校。

【48】这段文字主要是说：

A 男孩儿很聪明

B 老师很喜欢男孩儿

C 男孩儿高考成绩不理想

D 家长觉得男孩儿非常骄傲

49

她很少逛街，也不买新衣服。衣服脏了，她就洗洗再穿；破了，她就缝缝补补。这些年来，每次见到她，她总穿着那身被洗得发白的蓝衣服。

【49】这段文字主要说的是：

A 她非常节省

B 她热爱劳动

C 她喜欢逛街

D 她喜欢蓝色

50

姑姑多年来有一个习惯，吃完晚饭后必须出去散步，顺便在路边的公用健身器材上活动活动，要不然就觉得浑身不舒服。

【50】根据这段文字，我们知道姑姑是个：

A 喜欢运动的人

B 身体健康的人

C 心情舒畅的人

D 自由自在的人

57 ～ 60

我上床的时候是晚上十一点，外面下着小雪。我缩到被子里面，拿起闹钟，发现闹钟停了，我忘买电池了。天这么冷，我不愿意再起来。我就给妈妈打了个长途电话："妈，我的闹钟没电池了，明天还要去公司开会，要赶早，你六点的时候给我打个电话叫我起床吧。"

电话那头的声音有点儿哑，可能妈妈已经睡下了，她说："好，乖。"

电话响的时候我在做一个美梦，外面天黑黑的。妈妈在那边说："你快起床，今天要开会的。"我看看手表，才五点四十。我不耐烦地叫起来："我不是叫你六点打吗？我还想多睡一会儿呢，被你搅了！"妈妈在那头突然不说话了，我挂了电话。

不一会儿，爸爸给我打来电话："女儿，妈妈说，是她不好，她一直没有睡好，很早就醒了，担心你会迟到。"我听后一下就哭了。

【57】"我"让妈妈打电话的原因是：

A 想念妈妈了

B 外面下着雪

C 闹钟没电了

D 明天要开会

【58】妈妈给"我"打电话的时候，"我"：

A 刚刚睡着

B 正在做梦

C 已经醒了

D 十分伤心

【59】"我"为什么哭了？

A 妈妈病了

B 没有休息好

C 后悔自己说错话

D 被爸爸严厉批评了

【60】通过这件事，"我"感受到了：

A 工作的艰苦

B 爸爸的担心

C 父母无私的爱

D 妈妈的不耐烦

3 · 3 · 3 · 3 · 3 · 3 · 3

三、书面表达

第一部分

（10 题，5 分钟）

说明：61 ～ 70 题，下面每个句子中都有一处拼音。请根据拼音，结合句子内容写出汉字。请在答题卡上找到试题的号码，把汉字写在号码处的空格里，一个空格里写一个汉字。

61．你千万要记住，一定把这 fēng 信亲手交给他。

62．不管遇到什么事儿，她都表现得很冷 jìng 。

63．我常常在夜间做梦，但大多是 xǐng 来就忘了。

64．父亲的生活很有规 lǜ ，按时起床，按时休息。

65．1993 年度电视节目评比工作在哈尔滨结 shù 。

66．现在请你给大家介绍一下展 lǎn 情况吧。

67．我高高兴兴地去了，谁知道却被 dǎng 在门外。

68．小伙子穿上了新衣服，显得很精 shen 。

69．广 bō 电视节目对少年儿童有着不同程度的影响。

70．无论是谁，在前进的道路上都会 yù 到一些困难。

请接下去进入作文考试

⇩

MHK

中国少数民族汉语水平等级考试仿真试卷（三）

［一级］

卷 I

注 意 事 项

一、中国少数民族汉语水平等级考试（一级）试卷分为卷Ⅰ和卷Ⅱ两部分：

1. 卷Ⅰ为客观选择题，每题都有四个供选择的答案，要求在答卷上画出代表正确答案的字母，每题只能画一横道，如：**[A]** **[B]** ■ **[D]**，多画作废。

   请考生注意，卷Ⅰ使用阅读机阅卷，答案必须用铅笔画在答题卡上，不能写在试卷Ⅰ上。

   卷Ⅰ包括三项内容，共 70 题：

   （1）听力理解（30 题，约 20 分钟）

   （2）阅读理解（30 题，30 分钟）

   （3）书面表达（10 题，5 分钟）

2. 卷Ⅱ为书面表达主观题（作文），20 分钟。内容用黑色钢笔或签字笔写在答题卡的方格内。

   全部考试时间约 75 分钟。

二、注意看清题目的说明，严格按照说明的要求，在规定的时间内回答问题。

三、严格遵守考场规则，听从主监考的指挥。考试结束后，必须把试卷和答题卡放在桌子上，等监考人员收回、清点后，才能离场。

第二部分

说明：11 ～ 30 题，这部分试题，你将听到两个人的对话和几段简短的对话或讲话，每段话之后，根据内容提出问题，请你在 A B C D 四个备选答案中选出最恰当的答案。

例如：第 18 题，你听到：

男：李小芳，我是王刚，今天数学老师留的是什么作业？

女：把第 5 课的课后练习全部做一遍。

问：王刚正在做什么？

你在试卷上看到四个答案：

A 休息　　B 上课　　C 打电话　　D 写作业

根据对话，第 18 题最恰当的答案是 C，你应在答题卡上找到号码 18，在字母 C 上画一横道。横道一定要画得粗一些，重一些。

18. [A]　　[B]　　■　　[D]

一段对话或一段简短讲话的答题形式跟上面的例题相同。

11. A 药店
    B 商店
    C 书店
    D 饭店

12. A 男的听说城市不堵车
    B 女的所在的城市堵车
    C 女的不知道哪里堵车
    D 男的的观点和女的一样

13. A 坐车
    B 考试
    C 开车
    D 复习

14. A 父母很忙
    B 父母在家
    C 父母不同意
    D 父母支持她

15. A 不想出门
    B 自己去故宫
    C 刚来到北京
    D 没去过故宫

16. A 在听音乐
    B 感觉不饿
    C 听到坏消息
    D 饭菜不好吃

17. A 不想看电影
B 没看成电影
C 没排队买票
D 没去电影院

18. A 男的得了重病
B 女的不是医生
C 女的需要吃药
D 男的需要吃药

19. A 一定要爬长城
B 爬长城特别累
C 大家都不爱爬长城
D 去北京不要去长城

20. A 兄妹
B 同学
C 邻居
D 朋友

21. A 生病了
B 坐累了
C 刚受了伤
D 活动久了

22. A 汽车里
B 车站里
C 火车上
D 飞机上

23. A 数学
B 语文
C 英语
D 体育

24. A 不太聪明
B 平时总在学习
C 下课后经常打球
D 学习方法不正确

25. A 7岁
B 11岁
C 21岁
D 29岁

26. A 只画恐龙
B 非常年轻
C 作品很多
D 喜欢恐龙

27. A 赵闯是生物学家
B 赵闯的同行非常多
C《自然》是国内的杂志
D 赵闯的作品超过1000幅

28. A 认识筷子
B 做各种活动
C 学习使用筷子
D 练习自己吃饭

29. A 英国
B 法国
C 德国
D 美国

30. A 使用筷子没什么好处
B 成年人不会使用筷子
C 美国孩子不会使用筷子
D 用筷子吃饭使手更灵活

2 • 2 • 2 • 2 • 2 • 2 • 2

第二部分

（15 题，15 分钟）

说明：46 ～ 60 题，每段文字后都有一个或几个问题，每个问题都有 A B C D 四个答案，请阅读后根据每题要求选出最恰当的答案，并在答题卡上找到试题号码，在代表正确答案的字母上画一横道。

46

妇女节那天，我放学后回到家，拿出家里的饼干、果酱和水果，给妈妈做了一个小蛋糕，装在妈妈最喜欢的盘子里，并在卡片上写上："妈妈，祝你节日快乐！"妈妈回家后看到我送给她的礼物，特别高兴。

【46】这段文字主要说的是：

A 妈妈喜欢吃蛋糕

B 妈妈今天很高兴

C "我"陪妈妈过妇女节

D "我"给妈妈制作礼物

47

那是一个星期六，我好不容易写完了作业。爸爸妈妈要带我出去玩儿，我高兴极了。我赶紧换上新衣服跟他们出了门，一会儿就来到了车站……

【47】"我"高兴的原因是：

A 有了新衣服

B 写完作业了

C 要出去玩儿

D 要去坐汽车

48

买完树苗，我们就去种树。“这个地方好！”爸爸一下子就看准了一块地。爸爸在那里挖了一个大坑，把树苗放进去，妈妈赶紧扶住树苗，我用铲子往坑里填土。“踩，我踩啊踩……”我围着树苗边唱边踩。“把土踩实就行了！”爸爸笑着说。

【48】种树时，妈妈做了什么？

A 填土

B 扶树苗

C 挑地方

D 把土踩实

49

放学了，我收拾好东西，准备去教室外排队。突然，一双有力的手搂住我的肩膀，我回头一看，原来是徐老师。他表情严肃地对我说：“最近作业错误变多了，得好好儿用心做！”我红着脸低下了头，并暗暗在心中下定决心：今后一定好好儿学习！

【49】根据这段话，最近“我”怎么了？

A 经常脸红

B 作业错误多

C 对自己要求严

D 不爱收拾东西

50

每当我有空时，我总是会如饥似渴地去读书。书，把我带进奥妙无穷的知识海洋；书，领着我探索古今中外的无数奥妙；书，帮助我分辨是非，分清美丑；书，教育我怎样做人，怎样做事。

【50】这段文字主要说的是：

A 读书会做人

B 读书好处多

C “我”喜欢读书

D “我”有时间读书

57 ～ 60

上初中那年，我喜欢上了《格林童话》，并到了着迷的地步。

那时父母工资很低，除去生活花费，每月基本上剩不下来钱，哪里还有余钱给我买不能吃、不能穿的书呢？平时，父母总是把钱放在桌子的抽屉里面，而抽屉的钥匙就放在桌子上。几经犹豫之后，我试着用钥匙打开了抽屉，从里面拿走了一些钱。

第二天，我从书店里买回了《格林童话》。几天过去了，风平浪静，父母似乎没有发现我拿钱的事。不久，书店里又进了一批新书，其中《绿野仙踪》是我盼望已久的一本童话故事书。禁不住"仙子"的诱惑，我好想再偷一回。当我再一次打开抽屉时，却发现里面多了一张纸条："峰儿，你是个好孩子，爸爸妈妈相信你会永远做一个好孩子。"我看了非常惭愧，取出纸条，悄悄锁上了抽屉。从那以后，我再也没有犯过类似的错误。

一张纸条成了我一生的警示，一张纸条给了我一生的清白，一张纸条给了我一生的尊严。

【57】父母为什么不给"我"买《格林童话》？

A 家里没有多余的钱

B 希望"我"自己去买

C 觉得影响"我"的学习

D 认为《绿野仙踪》更好看

【58】这件事发生在什么时候？

A "我"上小学时

B "我"上初中时

C "我"上高中时

D "我"初中毕业时

【59】根据本文，我们可以知道什么？

A 小时候爸爸妈妈不喜欢"我"

B 小时候"我"经常偷家里的钱

C "我"对自己的行为感到很惭愧

D 父母不知道"我"偷了家里的钱

【60】本文主要告诉我们：

A 阅读是个好习惯

B 小孩子不能撒谎

C 看课外书不利于学习

D 从小要养成好的品德

3 • 3 • 3 • 3 • 3 • 3 • 3

三、书面表达

第一部分

（10 题，5 分钟）

说明：61 ～ 70 题，下面每个句子中都有一处拼音。请根据拼音，结合句子内容写出汉字。请在答题卡上找到试题的号码，把汉字写在号码处的空格里，一个空格里写一个汉字。

61．今天我来找了你三 tàng ，你都不在。

62．使用了新技术后，节 yuē 了大量人力。

63．这种做法有 lì 于两国人民的友好交往。

64．没想到他 jìng 会说出这样让人伤心的话。

65．这个小女孩儿特别可爱，旁边的 lǚ 客都看着她笑。

66．如今，在新疆越来越多的家 tíng 房间里都用上了地毯。

67．中央人民广播电台的民族广播有着光 róng 的历史。

68．一到海边，她就非常兴奋地去游泳、shài 太阳。

69．在这个美术馆里，有不少高水平的油画可以好好欣 shǎng 。

70．事情发生得太 tū 然了，我一点儿思想准备都没有。

请接下去进入作文考试

⇩

MHK

中国少数民族汉语水平等级考试仿真试卷（四）

［一级］

卷 I

注 意 事 项

一、中国少数民族汉语水平等级考试（一级）试卷分为卷Ⅰ和卷Ⅱ两部分：

1. 卷Ⅰ为客观选择题，每题都有四个供选择的答案，要求在答卷上画出代表正确答案的字母，每题只能画一横道，如：**[A]**　**[B]**　■　**[D]**，多画作废。

   请考生注意，卷Ⅰ使用阅读机阅卷，**答案必须用铅笔画在答题卡上**，不能写在试卷Ⅰ上。

   卷Ⅰ包括三项内容，共 70 题：

   （1）听力理解（30 题，约 20 分钟）

   （2）阅读理解（30 题，30 分钟）

   （3）书面表达（10 题，5 分钟）

2. 卷Ⅱ为书面表达主观题（作文），20 分钟。内容用黑色钢笔或签字笔写在答题卡的方格内。

   全部考试时间约 75 分钟。

二、注意看清题目的说明，严格按照说明的要求，在规定的时间内回答问题。

三、严格遵守考场规则，听从主监考的指挥。考试结束后，必须把试卷和答题卡放在桌子上，等监考人员收回、清点后，才能离场。

1 • 1 • 1 • 1 • 1 • 1 • 1

第二部分

说明：11 ～ 30 题，这部分试题，你将听到两个人的对话和几段简短的对话或讲话，每段话之后，根据内容提出问题，请你在 A B C D 四个备选答案中选出最恰当的答案。

例如：第 18 题，你听到：

男：李小芳，我是王刚，今天数学老师留的是什么作业？

女：把第 5 课的课后练习全部做一遍。

问：王刚正在做什么？

你在试卷上看到四个答案：

A 休息　　B 上课　　C 打电话　　D 写作业

根据对话，第 18 题最恰当的答案是 C，你应在答题卡上找到号码 18，在字母 C 上画一横道。横道一定要画得粗一些，重一些。

18. [A]　　[B]　　■　　[D]

一段对话或一段简短讲话的答题形式跟上面的例题相同。

11. A 操场
    B 家里
    C 教室
    D 食堂

12. A 高兴
    B 难过
    C 惊讶
    D 生气

13. A 很难写
    B 丽丽认识
    C 女的不认识
    D 男的知道怎么读

14. A 男的很麻烦
    B 感到不好意思
    C 和男的关系很好
    D 不知道跟谁在一起

15. A 男的不会画画儿
    B 男的是位美术老师
    C 女的教男的画画儿
    D 女的不想学画画儿

16. A 最近搬家了
    B 最近太累了
    C 最近生病了
    D 没事情可做

17. A 男的没来看电影
B 这部电影很没意思
C 女的看电影没花钱
D 女的多花了五十块钱

18. A 孩子们都很忙
B 家长们都很忙
C 她喜欢兴趣班
D 没时间过周末

19. A 一定会去
B 不会去的
C 还没确定
D 不太想去

20. A 味道
B 速度
C 服务
D 环境

21. A 感冒了
B 发烧了
C 拉肚子
D 脚伤了

22. A 女的每天给李丽补课
B 男的每天给李丽补课
C 女的还没去看过李丽
D 男的明天不去看李丽

23. A 师生
B 母子
C 朋友
D 夫妻

24. A 帮助儿子复习
B 让儿子认真一些
C 向老师了解情况
D 让女的努力一些

25. A 没有吃早饭
B 早上起晚了
C 忘了带书包
D 衣服穿少了

26. A 心情好
B 今天课少
C 少装了几本书
D 别人帮忙一起拿

27. A 跑得太快了
B 天气太热了
C 同学们不喜欢他
D 迟到了不好意思

28. A 一月一日
B 二月一日
C 五月一日
D 十月一日

29. A 60 岁
B 70 岁
C 80 岁
D 100 岁

30. A 一家人很开心
B 爷爷爱吃鸡腿
C 孙子跑得特别快
D 妈妈做饭不好吃

2 • 2 • 2 • 2 • 2 • 2 • 2

第二部分

（15 题，15 分钟）

说明：46 ～ 60 题，每段文字后都有一个或几个问题，每个问题都有 A B C D 四个答案，请阅读后根据每题要求选出最恰当的答案，并在答题卡上找到试题号码，在代表正确答案的字母上画一横道。

46

在我们小学生心里，体育课自由活动本是很快乐、有趣的，可是被我们班的几个小调皮蛋给破坏了。他们几个可真厉害，抓住我们女生胆小的弱点，专门抓一些蚂蚁、小虫子、小螳螂来吓我们。

【46】这段文字主要说的是：

A 女生胆子小

B 男生们很厉害

C 小学生害怕小动物

D 自由活动的快乐没了

47

假如命令我闭嘴，我可以永远不说话，也不会感到丝毫痛苦。独自一人看看书，听听音乐，去外边逛逛，跟猫玩玩，一个星期很快就过去了。

【47】根据这段文字，我们可以知道：

A 闭嘴使人痛苦

B 时间过得很慢

C“我”不爱说话

D“我”不爱听音乐

48

前年当亚青会志愿者，去年当青奥会志愿者，我的课余时间大多用来做志愿服务，已经3年没有回家了，我爸爸开玩笑说我已经是南京人了。

【48】为什么爸爸说“我”是南京人？

A“我”出生在南京

B“我”3年没回南京了

C“我”在南京当志愿者

D“我”3年来一直待在南京

49

去年初冬的一天，我早早地起了床，准备上学。当我走出房间时，妈妈看了看我里面穿的衣服，说：“穿这么点儿呀！”接着，妈妈从衣柜里拿出几件保暖衣，给我一件一件地穿上，直到我穿得暖暖和和的，才叫我上学去。

【49】这段文字主要说的是：

A 冬天很冷

B 保暖衣很暖和

C“我”起得很早

D 妈妈很关心“我”

50

我教奶奶说普通话，从最简单的日常用语教起：吃饭，睡觉，喝茶，天热，饿了……我每天不厌其烦地教奶奶，奶奶也很有耐心，一遍又一遍地重复着，就像一个刚学说话的小宝宝一样。

【50】这段文字主要说的是：

A“我”没有耐心

B 奶奶不会说普通话

C 普通话要从日常学起

D“我”教奶奶说普通话

57 ～ 60

很久很久以前，人们都光着双脚走路。

有一位国王到某个偏远的乡间旅行，因为路面不平，有很多碎石头，扎得他的脚又痛又麻。回到王宫后，他下了一道命令，要将国内的所有道路都铺上一层牛皮。他认为，这样做不只是为自己，还可以让大家走路时不再受刺痛之苦。

即使宰掉所有的牛，也搜集不到足够的牛皮。并且，铺牛皮要花很多钱，用很多人。虽然根本做不到，但因为是国王的命令，大家也只能摇头叹息。

一位聪明的仆人大胆向国王提出建议："国王，为什么您要牺牲那么多头牛，花费那么多金钱呢？您何不只用两小片牛皮包住您的脚呢？"国王听了，立刻收回铺牛皮的命令，接受了仆人的建议。据说，这就是"皮鞋"的由来。

【57】国王为什么想用牛皮铺路？

A 国王经常去乡村旅行

B 可以搜集到很多牛皮

C 这样走起路来更舒服

D 不需要用很多钱和人

【58】大家对国王的命令是什么态度？

A 赞成

B 反对

C 无奈

D 无所谓

【59】仆人向国王提出了什么建议？

A 宰掉国内所有的牛

B 在道路上铺上牛皮

C 清理路上的小碎石头

D 用牛皮包住自己的脚

【60】本文主要说的是什么？

A 皮鞋的来历

B 国王的命令

C 聪明的仆人

D 光脚的痛苦

3 • 3 • 3 • 3 • 3 • 3 • 3

三、书面表达

第一部分

（10 题，5 分钟）

说明： 61 ～ 70 题，下面每个句子中都有一处拼音。请根据拼音，结合句子内容写出汉字。请在答题卡上找到试题的号码，把汉字写在号码处的空格里，一个空格里写一个汉字。

61．谁让你不听妈妈的话？现在后 huǐ 了吧？

62．今年全县 mián 花产量比去年提高了不少。

63．昨天的足球比赛我们班 shū 了，大家都很难过。

64．喂，请你把起火的地点 xiáng 细地告诉我们。

65．一个朋友发来短信，让我告诉她你的电话号 mǎ 。

66．经济上的成 gōng 者往往是新产品的发明人。

67．这是我上学以来看到的最精彩的一 chǎng 足球赛。

68．你放心吧，李医生的 jì 术很好，手术一定会成功的。

69．根 jù 研究，人入睡的最佳时间是晚上九到十点之间。

70．今天晚上七点，我们给大家 ān 排了一个动画片，欢迎大家收看。

请接下去进入作文考试

⇩

MHK

中国少数民族汉语水平等级考试仿真试卷（五）

［一级］

卷 I

注 意 事 项

一、中国少数民族汉语水平等级考试（一级）试卷分为卷 I 和卷 II 两部分：

1. 卷 I 为客观选择题，每题都有四个供选择的答案，要求在答卷上画出代表正确答案的字母，每题只能画一横道，如：**[A]** **[B]** ■ **[D]**，多画作废。

   请考生注意，卷 I 使用阅读机阅卷，**答案必须用铅笔画在答题卡上**，不能写在试卷 I 上。

   卷 I 包括三项内容，共 70 题：

   （1）听力理解（30 题，约 20 分钟）

   （2）阅读理解（30 题，30 分钟）

   （3）书面表达（10 题，5 分钟）

2. 卷 II 为书面表达主观题（作文），20 分钟。内容用黑色钢笔或签字笔写在答题卡的方格内。

   全部考试时间约 75 分钟。

二、注意看清题目的说明，严格按照说明的要求，在规定的时间内回答问题。

三、严格遵守考场规则，听从主监考的指挥。考试结束后，必须把试卷和答题卡放在桌子上，等监考人员收回、清点后，才能离场。

第二部分

说明：11 ～ 30 题，这部分试题，你将听到两个人的对话和几段简短的对话或讲话，每段话之后，根据内容提出问题，请你在 A B C D 四个备选答案中选出最恰当的答案。

例如：第 18 题，你听到：

男：李小芳，我是王刚，今天数学老师留的是什么作业？

女：把第 5 课的课后练习全部做一遍。

问：王刚正在做什么？

你在试卷上看到四个答案：

A 休息　　B 上课　　C 打电话　　D 写作业

根据对话，第 18 题最恰当的答案是 C，你应在答题卡上找到号码 18，在字母 C 上画一横道。横道一定要画得粗一些，重一些。

18. [A]　　[B]　　■　　[D]

一段对话或一段简短讲话的答题形式跟上面的例题相同。

11. A 邮局
    B 银行
    C 饭店
    D 商店

12. A 她很忙
    B 周末再说
    C 不想参加考试
    D 不喜欢看电影

13. A 女的很厉害
    B 女的在看报纸
    C 文章是小强写的
    D 文章是男的写的

14. A 自己修车
    B 买辆新车
    C 多修几次
    D 改正缺点

15. A 让男的别再干了
    B 让男的找新工作
    C 劝男的好好儿干
    D 劝男的别太累了

16. A 红色
    B 白色
    C 蓝色
    D 绿色

1·1·1·1·1·1·1

17. A 休息
B 看病
C 问路
D 买药

18. A 大部分学生住校
B 住校学生共八个
C 学生人数特别多
D 宿舍不够学生住

19. A 比赛失败了
B 今天不舒服
C 心情有些紧张
D 走得特别着急

20. A 时间过得慢
B 今年下雪早
C 感觉下雪很美
D 不知道下雪的原因

21. A 上补习班
B 去旅游了
C 去奶奶家了
D 在家里休息

22. A 乡下很安静
B 暑假时空气好
C 女的学习最努力
D 男的天天看到女的

23. A 今天
B 明天
C 下周末
D 还没确定

24. A 母子
B 邻居
C 同学
D 朋友

25. A 教室
B 操场
C 图书馆
D 办公室

26. A 跑步
B 跳高
C 跳绳
D 排队

27. A 都很高兴
B 比较着急
C 感到很吃惊
D 心里很紧张

28. A 爱说话
B 话不多
C 爱开玩笑
D 喜欢聊天儿

29. A 天下起了雨
B 说话人感冒了
C 说话人迷路了
D 说话人的伞丢了

30. A 爸爸不爱他
B 被雨淋湿了
C 他找不到家了
D 感受到了父爱

2 • 2 • 2 • 2 • 2 • 2 • 2

第二部分

（15 题，15 分钟）

说明：46 ～ 60 题，每段文字后都有一个或几个问题，每个问题都有 A B C D 四个答案，请阅读后根据每题要求选出最恰当的答案，并在答题卡上找到试题号码，在代表正确答案的字母上画一横道。

46

牛顿在家中的果园里边走路边思考问题，这时，一个苹果正好砸在牛顿的头上。他捡起苹果，心里想：为什么苹果会落到地上，而不是飘上天空？最终，牛顿提出了“万有引力”定律。

【46】启发牛顿得出“万有引力”定律的是：

A 天空

B 土地

C 苹果

D 果园

47

读小学的时候，我的外祖母去世了。外祖母生前最疼爱我。我无法排除自己的忧伤，每天在学校的操场上一圈一圈地跑着，跑得累倒在地上，扑在草坪上痛哭。

【47】这段文字主要是说：

A “我”喜欢跑步

B 外祖母喜欢“我”

C “我”小学时很喜欢哭

D “我”用跑步忘掉伤痛

48

爱迪生只上过 3 个月的小学，他的学问是靠母亲的教育和自学得来的。爱迪生小时候，在某些方面显得跟一般孩子不太一样。母亲对他非常宽容，并且耐心地教导他，使他长大后成为举世闻名的“发明大王”。

【48】这段文字主要是说：

A 爱迪生小学还没毕业

B 爱迪生和其他孩子不同

C 爱迪生是位著名的发明家

D 爱迪生的成功有母亲的功劳

49

不知不觉，小学的 6 年时光就这样过去了，迎接我的，是新的初中生活。面对这陌生的生活，我有些担心：老师会不会很厉害？课程会不会很难？自从见到我的语文老师李老师，我的这些担心，统统都消失了。

【49】为什么“我”不担心了？

A 老师不厉害

B 语文很有趣

C 新课程都不难

D 遇到了李老师

50

在波兰的一个城市里，一户人家客厅里的灯光特别明亮，好多孩子都穿着漂亮的衣服，在钢琴的伴奏下，围成一个圆圈跳舞。只有一个 3 岁的男孩儿没有跳舞，他圆睁着明亮的眼睛，看着妈妈弹钢琴时手指的动作，这个小男孩儿的名字叫肖邦。

【50】这段文字主要是说：

A 肖邦的朋友非常多

B 肖邦从小就喜欢钢琴

C 肖邦的妈妈常常弹钢琴

D 肖邦从小就不喜欢跳舞

57 ～ 60

我本来叫秦玲玲。

我两岁那年，因为发烧住进了唐山市儿童医院，不幸遇上了大地震。妈妈被塌下来的一块楼板夺去了生命。我和两个阿姨被困在了已经倒塌的楼房里面。

一开始，我不停地哭闹，喊着要妈妈，但我很快就哭不动了——我渴啊！两个阿姨轮流抱着我，她们看我渴得快死了，一个阿姨伤心地说："这孩子的命怕是保不住了。""是啊，哪怕有一滴水润润这可怜的小嘴巴也行啊！"另一个阿姨也绝望地说。同时，这个阿姨被自己的话提醒了，她俯下身子对着我的小嘴喂了一点儿唾沫，另一个阿姨也在冒烟的口腔中艰难地积存了一点儿唾沫喂给了我……60 多个小时过去了，我们被解救出来。

为了记住我是怎样活下来的，我这个"吃唾沫"的孩子从此改名叫"秦沫沫"。

【57】两岁的"我"住进了唐山市儿童医院，是因为：

A 发烧了

B 地震了

C 被砸伤了

D 妈妈病了

【58】被困在倒塌的楼房里时，谁救了"我"？

A 医生

B 妈妈

C 消防队员

D 两位阿姨

【59】"我"为什么要改名？

A 纪念已经去世的妈妈

B 觉得原来的名字不好听

C 提醒自己不要忘记大地震

D 记住自己是怎么活下来的

【60】通过本文，我们知道：

A 妈妈是个非常善良的人

B 改名能给人带来好运气

C 被困的时候"我"一直哭

D "我"很感谢救"我"的人

3·3·3·3·3·3·3

三、书面表达

第一部分

（10 题，5 分钟）

说明：61 ～ 70 题，下面每个句子中都有一处拼音。请根据拼音，结合句子内容写出汉字。请在答题卡上找到试题的号码，把汉字写在号码处的空格里，一个空格里写一个汉字。

61．刚 qíng 了两天，怎么又下起雨来了？

62．一 mō 他的手，冰凉冰凉的，把我吓坏了。

63．我记不太清 chu 了，大概是 30 本左右。

64．小山同学做事很 xì 心，大家应该向他学习。

65．住了一个月医院，他的身体才慢慢 huī 复过来。

66．不行，明天我得去学校报 dào ，咱们改天再玩儿吧。

67．在老师的严 gé 要求下，我们的汉语水平都有了很大的提高。

68．这一次，我很想让她和我同行，没想到她拒 jué 了我。

69．我走了很多路，可是奇 guài 得很，今天我一点儿也不觉得累。

70．有一段时间，由于我们教育方法不当，女儿和我们的关系很 jǐn 张。

请接下去进入作文考试

MHK

中国少数民族汉语水平等级考试仿真试卷（六）

［一级］

卷 I

注 意 事 项

一、中国少数民族汉语水平等级考试（一级）试卷分为卷Ⅰ和卷Ⅱ两部分：

1. 卷Ⅰ为客观选择题，每题都有四个供选择的答案，要求在答卷上画出代表正确答案的字母，每题只能画一横道，如：**[A]** **[B]** [redacted] **[D]**，多画作废。

   请考生注意，卷Ⅰ使用阅读机阅卷，**答案必须用铅笔画在答题卡上**，不能写在试卷Ⅰ上。

   卷Ⅰ包括三项内容，共 70 题：

   （1）听力理解（30 题，约 20 分钟）

   （2）阅读理解（30 题，30 分钟）

   （3）书面表达（10 题，5 分钟）

2. 卷Ⅱ为书面表达主观题（作文），20 分钟。内容用黑色钢笔或签字笔写在答题卡的方格内。

   全部考试时间约 75 分钟。

二、注意看清题目的说明，严格按照说明的要求，在规定的时间内回答问题。

三、严格遵守考场规则，听从主监考的指挥。考试结束后，必须把试卷和答题卡放在桌子上，等监考人员收回、清点后，才能离场。

1 • 1 • 1 • 1 • 1 • 1 • 1

第二部分

说明：11 ～ 30 题，这部分试题，你将听到两个人的对话和几段简短的对话或讲话，每段话之后，根据内容提出问题，请你在 A B C D 四个备选答案中选出最恰当的答案。

例如：第 18 题，你听到：

男：李小芳，我是王刚，今天数学老师留的是什么作业？

女：把第 5 课的课后练习全部做一遍。

问：王刚正在做什么？

你在试卷上看到四个答案：

A 休息　　B 上课　　C 打电话　　D 写作业

根据对话，第 18 题最恰当的答案是 C，你应在答题卡上找到号码 18，在字母 C 上画一横道。横道一定要画得粗一些，重一些。

18. [A]　　[B]　　■　　[D]

一段对话或一段简短讲话的答题形式跟上面的例题相同。

11. A 银行
    B 医院
    C 饭店
    D 商店

12. A 想知道去哪儿
    B 不想去外地上学
    C 不知道去哪儿上学
    D 想知道什么时候走

13. A 写字
    B 问路
    C 借书
    D 买字典

14. A 自行车是新的
    B 自行车很便宜
    C 女的喜欢白色的
    D 男的买自行车了

15. A 她喜欢睡觉
    B 她什么都不知道
    C 她不喜欢那本书
    D 那本书很有意思

16. A 女的想去旅游
    B 男的去了上海
    C 飞机票非常贵
    D 女的刚从上海回来

17. A 一定去
B 人太多了
C 明天再决定
D 打篮球很累

18. A 娜娜原来很胖
B 幼儿园变化大
C 女的现在瘦多了
D 男的不认识娜娜

19. A 季节
B 气候
C 地点
D 心情

20. A 迟到了
B 回家了
C 很生气
D 来早了

21. A 饿了
B 困了
C 脏了
D 病了

22. A 喝水
B 睡觉
C 吃饭
D 洗脸

23. A 开会
B 看病
C 写材料
D 买衣服

24. A 母子
B 父女
C 同学
D 朋友

25. A 很精神
B 弄脏了
C 肚子疼
D 没吃饭

26. A 自己去的
B 同学送他去的
C 老师陪他去的
D 妈妈带他去的

27. A 对自己的责备
B 对医生的敬佩
C 对妈妈的感激
D 对小学的留恋

28. A 快乐
B 辛苦
C 轻松
D 骄傲

29. A 休息时
B 寒假之前
C 每天早晨
D 辛苦一天后

30. A 要让大家都听到
B 第一天会很辛苦
C 必须在公园里练
D 要科学地使用嗓子

第二部分

（15 题，15 分钟）

说明：46 ～ 60 题，每段文字后都有一个或几个问题，每个问题都有 A B C D 四个答案，请阅读后根据每题要求选出最恰当的答案，并在答题卡上找到试题号码，在代表正确答案的字母上画一横道。

46

如果你问一个人，活着是为了什么，有人会说是为了快乐，有人会说是为了幸福，有人会说是为了成功……但肯定没有一个人会说，自己活着是为了生气。

【46】这段文字主要说的是：

A 活着是为了快乐

B 活着是为了幸福

C 活着是为了成功

D 活着不是为了生气

47

高尔基童年时家里穷，不得不去干活儿，养活自己。他经常在干活儿的时候抽空读书，可有时候读书太入迷，被人发现，受了不少苦。

【47】根据这段文字，高尔基小时候：

A 家里很有钱

B 不爱干活儿

C 非常爱看书

D 没有吃过苦

48

鲁迅的脑子里装着太多知识，取不尽，用不完。这除了因为他有非凡的记忆力之外，主要得益于他从不停止学习，以及十分注意读书方法。

【48】这段文字主要讲的是鲁迅：

A 头脑聪明

B 知识丰富

C 记忆力非常强

D 好学并讲究方法

49

活泼的欧弟，以歌手和节目主持人的身份在台湾工作多年，2008 年加入湖南卫视的《天天向上》，他的主持风格很灵活，讲话很有趣，多才多艺，得到了很多观众的喜爱。

【49】这段文字主要讲的是：

A 欧弟的性格

B 欧弟的才艺

C 如何做一名歌手

D 观众很喜欢欧弟

50

22 年前，海岩还是一个默默无闻的人。他每天晚上下班后准时回到自己的小屋，偷偷地写一部长篇小说。为什么要偷偷地写呢？因为海岩只读了 4 年书，连小学都没毕业，他怕别人说自己追求的目标过高。

【50】海岩为什么要偷偷地写小说？

A 不爱说话

B 回来得太晚

C 怕别人笑话他

D 怕被老师发现

57 ～ 60

星期天早晨，我正要去钓鱼，突然雷声阵阵，乌云满天，不一会儿就下起了雨。这时，旁边的房子里传出了一阵紧张忙碌的声音。听到声音，我过去一看：不好了，张大爷病了！我赶紧回屋，穿上雨衣、雨鞋，帮着张大娘把张大爷扶上拖车，向医院跑去。

我曾经几次陪奶奶去看过病，这段路对于我很熟悉，但今天却变成另外一副模样了。你看，雨水已经淋湿了柏油路面，小树被大风吹得东倒西歪，树叶在风雨中摇晃。河水哗哗地流个不停，有时还掀起白色的浪花。雨点打在河面上，泛起一阵白雾。鸭子在水里叫个不停，它们抖抖身上的羽毛，一会儿扎进水里，一会儿游来游去，一会儿又上岸跑起来，雨水仿佛给它们带来了快乐。

雨越下越大，四周笼上了灰蒙蒙的雨罩。我赶紧加快步伐，使劲推车向医院奔去。

【57】谁生病了？

A“我”

B 奶奶

C 张大爷

D 张大娘

【58】“我”为什么对这段路很熟悉？

A 陪奶奶去看过病

B 经常在这附近钓鱼

C 生病去医院时走过

D 这段路离“我”家很近

【59】在去医院的路上，“我”看到了什么？

A 雨已经停了

B 大树被吹倒了

C 河面上升起白雾

D 树叶都被风吹落了

【60】本文主要讲了什么事？

A“我”冒雨送病人

B 钓鱼时遇到了大雨

C 下雨时鸭子很开心

D 奶奶带“我”去医院

3 • 3 • 3 • 3 • 3 • 3 • 3

三、书面表达

第一部分

（10 题，5 分钟）

说明：61 ～ 70 题，下面每个句子中都有一处拼音。请根据拼音，结合句子内容写出汉字。请在答题卡上找到试题的号码，把汉字写在号码处的空格里，一个空格里写一个汉字。

61．他说话做事像个小大人 shì 的。

62．他那么 shòu ，没想到一次能吃那么多。

63．我们要 péi 养全面发展的人才。

64． chú 了我以外，大家都不知道这件事。

65．你的病虽然好了，可是还 xū 要休息几天。

66．到那儿一看，姐姐失 wàng 极了，什么都没有。

67．大家都认为，她是一 míng 非常优秀的学生。

68．夏日家庭旅 yóu 团 7 月 2 日出发，7 月底回到北京。

69．今年是我国第 30 个教师节，总公司为此特发行 jì 念邮票。

70．小企业生存压力大，更应该获得政 fǔ 的支持。

请接下去进入作文考试

⇩

MHK

中国少数民族汉语水平等级考试仿真试卷（七）

［一级］

卷 I

注 意 事 项

一、中国少数民族汉语水平等级考试（一级）试卷分为卷 I 和卷 Ⅱ 两部分：

1. 卷 I 为客观选择题，每题都有四个供选择的答案，要求在答卷上画出代表正确答案的字母，每题只能画一横道，如：**[A]** **[B]** ■ **[D]**，多画作废。

   请考生注意，卷 I 使用阅读机阅卷，答案必须用铅笔画在答题卡上，不能写在试卷 I 上。

   卷 I 包括三项内容，共 70 题：

   （1）听力理解（30 题，约 20 分钟）

   （2）阅读理解（30 题，30 分钟）

   （3）书面表达（10 题，5 分钟）

2. 卷 Ⅱ 为书面表达主观题（作文），20 分钟。内容用黑色钢笔或签字笔写在答题卡的方格内。

   全部考试时间约 75 分钟。

二、注意看清题目的说明，严格按照说明的要求，在规定的时间内回答问题。

三、严格遵守考场规则，听从主监考的指挥。考试结束后，必须把试卷和答题卡放在桌子上，等监考人员收回、清点后，才能离场。

第二部分

说明：11 ～ 30 题，这部分试题，你将听到两个人的对话和几段简短的对话或讲话，每段话之后，根据内容提出问题，请你在 A B C D 四个备选答案中选出最恰当的答案。

例如：第 18 题，你听到：

男：李小芳，我是王刚，今天数学老师留的是什么作业？

女：把第 5 课的课后练习全部做一遍。

问：王刚正在做什么？

你在试卷上看到四个答案：

A 休息　　B 上课　　C 打电话　　D 写作业

根据对话，第 18 题最恰当的答案是 C，你应在答题卡上找到号码 18，在字母 C 上画一横道。横道一定要画得粗一些，重一些。

18. [A]　　[B]　　▬　　[D]

一段对话或一段简短讲话的答题形式跟上面的例题相同。

11. A 银行
    B 邮局
    C 医院
    D 餐馆

12. A 昨天天气不好
    B 电影不太好看
    C 不想去看电影
    D 昨天没看电影

13. A 女的太浪费了
    B 男的太浪费了
    C 男的说错话了
    D 女的认为男的说的对

14. A 不知道时间
    B 不知道下雨
    C 希望雨快点儿停
    D 希望雨再大点儿

15. A 觉得王强很厉害
    B 觉得男的很厉害
    C 认为比赛很有意思
    D 认为男的能得第一

16. A 学习
    B 考试
    C 去公园
    D 看画展

17. A 女的喜欢逛街
    B 女的去买书了
    C 男的喜欢看书
    D 男的逛了一天

18. A 女的不认识姐妹俩
    B 姐妹俩穿的不一样
    C 男的能分清姐妹俩
    D 姐妹俩长得不太像

19. A 同情
    B 鼓励
    C 生气
    D 赞扬

20. A 爸爸
    B 妈妈
    C 爷爷
    D 丽丽

21. A 宿舍
    B 教学楼
    C 办公楼
    D 图书馆

22. A 买书
    B 借书
    C 看书
    D 还书

23. A 师生
    B 同学
    C 母子
    D 邻居

24. A 找李明
    B 看展览
    C 看比赛
    D 踢足球

25. A 星期一
    B 星期三
    C 星期六
    D 星期日

26. A 美国
    B 法国
    C 英国
    D 德国

27. A 手拿一束红花
    B 手拿一束白花
    C 胸前佩戴一朵红花
    D 胸前佩戴一朵白花

28. A 跑步
    B 吃饭
    C 摘苹果
    D 打扫院子

29. A 吃到苹果很开心
    B 见到飞机很高兴
    C 说话人说了笑话
    D 爸爸跟他们开了玩笑

30. A 说话人没见过飞机
    B 当时苹果在广东不常见
    C 说话人当时只有三四岁大
    D 苹果是从飞机上掉下来的

第二部分

（15 题，15 分钟）

说明： 46 ～ 60 题，每段文字后都有一个或几个问题，每个问题都有 A B C D 四个答案，请阅读后根据每题要求选出最恰当的答案，并在答题卡上找到试题号码，在代表正确答案的字母上画一横道。

46

离开家乡已有很多个日子了，今天我终于又踏上了家乡的土地，心中充满了无限的喜悦。离家门还有一段距离，我就看到母亲早已等候在门口了。那一刻，我的心中有一股暖流在暗暗涌动。

【46】这段文字主要说的是：

A 对家的思念

B 家乡的土地

C 回家的心情

D 离家的距离

47

老人和小女儿曾闹得很厉害，但在老人患重病之后，小女儿就后悔了，那些与父亲斗争的日子成了她最痛苦的记忆，她多么希望能再听听父亲的声音和故事。

【47】小女儿后悔的是：

A 跟父亲闹矛盾

B 让父亲生病了

C 父亲不讲故事了

D 父亲不会说话了

48

暑假，白天都是儿子一个人在家。为了控制他看电视的时间，我们规定，不许白天看电视。我回家后问儿子："白天看电视了吗？"儿子故作轻松地回答说："没有哇！"可是，他的眼神告诉了我一切……

【48】"我"根据儿子的眼神，知道：

A 儿子说的是真话

B 儿子过得很轻松

C 儿子很喜欢看电视

D 儿子白天看电视了

49

时光是最不留情面的，无论你怎样的青涩，怎样的不舍，它总会不顾你的挽留，轰轰烈烈向前奔去，留下无数无数，你来不及思索、来不及想好如何面对就发生的一切一切。

【49】这段文字主要说的是：

A 人要勇敢向前走

B 你可以挽留一切

C 时间过得非常快

D 要想好如何面对

50

那年秋天，我一搬进这间小房子，房东就表情严肃地告诉我：既然住进来了，就要严格地遵守这儿的规矩，不能大声说话，不能随便带人进来，还有就是，要按时交房租。

【50】根据这段文字，我们可以知道：

A 这个房子很大

B 房东要求严格

C 房东很爱干净

D 可以晚交房租

57 ～ 60

妈妈是一个很严肃的人，我很少看到她的笑容，可能是我太不让她省心了，所以她不高兴吧。我暗下决心，要想办法让妈妈笑，让她知道我不需要再让她为我担心了。我想趁着妈妈的生日，让妈妈露出笑容。

妈妈生日的那个早晨，我没有像以前一样让妈妈叫我起床，而是自己定闹钟准时起床，并且穿好衣服，刷牙洗脸，还铺好了自己的被子等。妈妈像往常一样过来叫我，当她来到我房间时，大吃一惊。妈妈问我："这些东西是谁整理好的？"我笑着说："是我整理的。"妈妈听了，有点儿不相信，说："真的？"我说："是真的。"妈妈说："想不到你会自己整理东西了！"我说："这是我应该做的，您工作很忙，还挤出时间来辅导我学习和做家务，我觉得您太辛苦了。"妈妈说："你真懂事，会体谅妈妈的辛苦了。"说完，妈妈就竖起大拇指欣慰地笑了。我看着妈妈的笑容，感觉心里非常舒畅，摸着后脑勺笑了。

妈妈笑了，原来妈妈笑起来是那么好看，今后我一定要经常让妈妈笑。

【57】根据本文，我们可以知道，妈妈：

A 平时很严肃

B 每天很开心

C 工作不太忙

D 很少做家务

【58】"我"平时早晨起床需要：

A 闹钟叫醒

B 妈妈叫醒

C 爸爸叫醒

D 自己醒来

【59】妈妈生日那天为什么感到很欣慰？

A 不用整理东西了

B 孩子自己会吃饭了

C 孩子能体谅妈妈了

D 不用帮孩子洗脸了

【60】最适合做本文标题的是：

A 我懂事了

B 妈妈笑了

C 快乐的生日

D 漂亮的妈妈

3 • 3 • 3 • 3 • 3 • 3 • 3

三、书面表达

第一部分

（10题，5分钟）

说明：61 ～ 70题，下面每个句子中都有一处拼音。请根据拼音，结合句子内容写出汉字。请在答题卡上找到试题的号码，把汉字写在号码处的空格里，一个空格里写一个汉字。

61. 他在这次比赛中获得了 guàn 军。

62. 这是一家比较大的 háng 空公司，值得信任。

63. 昨天看完新 wén 我去找你，你怎么不在？

64. 为了达到目标，他 rěn 着疼痛继续训练。

65. 听说小明 huī 复得很好，就要来上学了，是吗？

66. 无论你说得多么好听，我都不会 xiāng 信你的。

67. 事 shí 说明，早晨五六点是一天的黄金时间。

68. 要想在 jìng 赛中取得好成绩，事前必须经过严格的训练。

69. 周丽是大学老师，会讲5种语言，说起话来，词汇特别丰 fù 。

70. 1985年，全国人大常委会通过决议， què 定每年9月10日为教师节。

请接下去进入作文考试

MHK
中国少数民族汉语水平等级考试仿真试卷（八）

［一级］

卷 I

注 意 事 项

一、中国少数民族汉语水平等级考试（一级）试卷分为卷 I 和卷 II 两部分：

1. 卷 I 为客观选择题，每题都有四个供选择的答案，要求在答卷上画出代表正确答案的字母，每题只能画一横道，如：**[A]** **[B]** ■ **[D]**，多画作废。

   请考生注意，卷 I 使用阅读机阅卷，答案必须用铅笔画在答题卡上，不能写在试卷 I 上。

   卷 I 包括三项内容，共 70 题：

   （1）听力理解（30 题，约 20 分钟）

   （2）阅读理解（30 题，30 分钟）

   （3）书面表达（10 题，5 分钟）

2. 卷 II 为书面表达主观题（作文），20 分钟。内容用黑色钢笔或签字笔写在答题卡的方格内。

   全部考试时间约 75 分钟。

二、注意看清题目的说明，严格按照说明的要求，在规定的时间内回答问题。

三、严格遵守考场规则，听从主监考的指挥。考试结束后，必须把试卷和答题卡放在桌子上，等监考人员收回、清点后，才能离场。

1 • 1 • 1 • 1 • 1 • 1 • 1

第二部分

说明：11 ～ 30 题，这部分试题，你将听到两个人的对话和几段简短的对话或讲话，每段话之后，根据内容提出问题，请你在 A B C D 四个备选答案中选出最恰当的答案。

例如：第 18 题，你听到：

男：李小芳，我是王刚，今天数学老师留的是什么作业？

女：把第 5 课的课后练习全部做一遍。

问：王刚正在做什么？

你在试卷上看到四个答案：

A 休息　　B 上课　　C 打电话　　D 写作业

根据对话，第 18 题最恰当的答案是 C，你应在答题卡上找到号码 18，在字母 C 上画一横道。横道一定要画得粗一些，重一些。

18. [A]　　[B]　　■　　[D]

一段对话或一段简短讲话的答题形式跟上面的例题相同。

11. A 商店
    B 饭馆
    C 酒店
    D 书店

12. A 男的旅游回来了
    B 女的听不懂方言
    C 男的还没去过南方
    D 女的下个月去南方

13. A 男的去医院了
    B 女的跑步来的
    C 女的顺路来找男的
    D 男的正给女的打电话

14. A 教师
    B 医生
    C 服务员
    D 售货员

15. A 父女
    B 师生
    C 朋友
    D 母子

16. A 男的来早了
    B 面条儿卖完了
    C 这里不卖面条儿
    D 面条儿还有一袋

17. A 还不想找工作
    B 已经找到工作
    C 没有工作经验
    D 现在还没毕业

18. A 火车票太贵
    B 买不到火车票
    C 寒假时没时间
    D 男的不想去西安

19. A 儿子快考试了
    B 儿子考得很好
    C 儿子考得一般
    D 儿子考完试了

20. A 要去看演出
    B 请男的看演出
    C 喜欢看男的表演节目
    D 要和男的一起看演出

21. A 演员
    B 内容
    C 音乐
    D 画面

22. A 女的太累了
    B 电影时间太长
    C 电影内容简单
    D 电影院太安静了

23. A 九点多
    B 十点多
    C 十一点多
    D 十二点多

24. A 男的今天要参加足球训练
    B 女的想今天好好儿睡一觉
    C 女的早上没有叫男的起床
    D 男的认为女的叫他叫早了

25. A 人们都比较着急
    B 不遵守交通规则
    C 没有父母的陪伴
    D 红绿灯信号不好

26. A 都能上学
    B 尊敬老师
    C 快快长大
    D 平安快乐

27. A 妈妈
    B 爸爸
    C 同学
    D 老师

28. A 水果
    B 树叶
    C 鲜花
    D 青草

29. A 几千克
    B 十千克
    C 十几千克
    D 几十千克

30. A 躲到洞里
    B 迅速趴下
    C 跳进水里
    D 爬到树上

2 • 2 • 2 • 2 • 2 • 2 • 2

第二部分

（15 题，15 分钟）

说明：46 ～ 60 题，每段文字后都有一个或几个问题，每个问题都有 A B C D 四个答案，请阅读后根据每题要求选出最恰当的答案，并在答题卡上找到试题号码，在代表正确答案的字母上画一横道。

46

我爸爸在出版社里负责图书的销售工作，经常到各地出差。每次出差回来，爸爸都会给我和弟弟买点儿好东西，比如漂亮的衣服、好吃的糖果什么的。因此，我特别喜欢爸爸出差，并期待他回来。

【46】根据这段文字，我们可以知道：

A 爸爸喜欢出差

B 爸爸没有机会出差

C 弟弟不愿意爸爸出差

D “我”期待爸爸出差回来

47

《美丽人生》这部优秀的电影获得了好几项大奖。电影的前半部分让我时不时地大笑，而后半部分却让我感动得流下了眼泪，为那伟大的父爱而流泪。父亲失去了生命，但他保护了儿子的童心没有受到伤害。

【47】“我”看电影时：

A 一直笑

B 一直哭

C 没看明白

D 先笑后哭

48

耐心被认为是衡量一个人心理素质优劣、心理健康与否的标准之一，也是孩子未来成功的关键因素之一。培养孩子的耐心不仅对他在学习上有帮助，而且对他今后的人生道路也有很大的影响。

【48】这段文字主要说的是：

A 培养孩子的重要性

B 培养耐心的重要性

C 耐心对学习有帮助

D 耐心对人生有帮助

49

这是我第一次坐飞机。我以前没见过真的飞机，直到登机，我才知道光机舱就有三四个房间那么大，可以乘坐好几百个旅客。飞机飞上了蓝天，我透过窗子往下看，只见地上的人小得看不清了，汽车小得像蚂蚁。又过了 15 分钟，我再往下一看，汽车和房子都不见了，我看到了一朵朵白云……我的心情舒畅极了。

【49】往下一看，“汽车小得像蚂蚁”是因为：

A 机舱特别大

B 飞机飞得高

C“我”第一次坐飞机

D“我”的心情很舒畅

50

草原比别处更可爱，空气是那么清新，天空是那么明朗，使我总想高歌一曲，表达我满心的愉快。放眼望去，草原到处都是绿色，四面有很多小丘，平地是绿的，小丘也是绿的，羊群一会儿上了小丘一会儿又下来，走到哪里都给无边的“绿毯”绣上白色的“花朵”。

【50】这段文字主要告诉我们：

A 草原很美丽

B 草原到处是绿色

C 草原的空气很清新

D 草原的羊群特别多

57 ～ 60

1987 年，她 14 岁，在湖南益阳的一个小镇卖茶，1 毛钱一杯。因为她的茶杯比别人大一号，所以卖得最快。那时，她总是快乐地忙碌着。

1990 年，她 17 岁，她把卖茶的摊点搬到了益阳市，并且改卖当地特有的“擂茶”。擂茶制作比较麻烦，但卖的价钱高。那时，她的小生意总是忙忙碌碌。

1993 年，她 20 岁，仍在卖茶，不过卖的地点又变了，在省城长沙，摊点也变成了小店面。客人进门后，必能品尝到热乎乎的香茶。在尽情享用后，他们会掏钱再买上一两袋茶叶。

1997 年，她 24 岁，长达十年的光阴，她始终在茶叶与茶水间忙碌。这时，她已经拥有 37 家茶庄，遍布长沙、西安、深圳、上海等地。福建安溪、浙江杭州的茶商们一提起她的名字，没有一个不竖起大拇指。

2003 年，她 30 岁，她的最大梦想实现了。“在本来习惯于喝咖啡的国度里，也有洋溢着茶叶清香的茶庄出现，那就是我开的……”说这句话时，她已经把茶庄开到了新加坡。

【57】14 岁的“她”：

A 很清闲

B 闷闷不乐

C 生活在小镇上

D 还没开始卖茶

【58】“她”在长沙卖茶时：

A 刚满 17 岁

B 有一个小店

C 没人买茶叶

D 生意不太好

【59】“她”的最大梦想是：

A 有自己的店

B 天天闻茶香

C 大家都认识她

D 在国外开茶庄

【60】“她”的故事告诉我们什么道理？

A 因为强大，所以受人尊敬

B 不要怕麻烦，质量最重要

C 成功没有秘诀，贵在坚持

D 为了梦想忙碌，乐在其中

3 • 3 • 3 • 3 • 3 • 3 • 3

三、书面表达

第一部分

（10 题，5 分钟）

说明：61 ～ 70 题，下面每个句子中都有一处拼音。请根据拼音，结合句子内容写出汉字。请在答题卡上找到试题的号码，把汉字写在号码处的空格里，一个空格里写一个汉字。

61．一放假，她就帮着奶奶＿zhī＿毛衣。

62．她不是故＿yì＿不理你，而是没看见你。

63．别着急，运＿shū＿问题我们再慢慢想办法吧。

64．大家一＿zhì＿认为，今年的运动会开得最好。

65．要想身体健康，就必＿xū＿坚持锻炼。

66．我让妹妹告诉他五点钟来学校＿jí＿合上车。

67．请＿zhuǎn＿告班长，明天八点以前一定要到教室。

68．你不好好儿上课，又不好好儿复习，这样怎么能＿bì＿业呢?

69．小明是个懂事的好孩子，经常帮助妈妈＿zhěng＿理东西。

70．体＿ruò＿多病的人、脑力劳动者、中小学生应当适当午睡。

请接下去进入作文考试

⇩

MHK

中国少数民族汉语水平等级考试仿真试卷（九）

［一级］

卷 I

注 意 事 项

一、中国少数民族汉语水平等级考试（一级）试卷分为卷Ⅰ和卷Ⅱ两部分：

1. 卷Ⅰ为客观选择题，每题都有四个供选择的答案，要求在答卷上画出代表正确答案的字母，每题只能画一横道，如：**[A]** **[B]** ■ **[D]**，多画作废。

   请考生注意，卷Ⅰ使用阅读机阅卷，答案必须用铅笔画在答题卡上，不能写在试卷Ⅰ上。

   卷Ⅰ包括三项内容，共 70 题：

   （1）听力理解（30 题，约 20 分钟）

   （2）阅读理解（30 题，30 分钟）

   （3）书面表达（10 题，5 分钟）

2. 卷Ⅱ为书面表达主观题（作文），20 分钟。内容用黑色钢笔或签字笔写在答题卡的方格内。

   全部考试时间约 75 分钟。

二、注意看清题目的说明，严格按照说明的要求，在规定的时间内回答问题。

三、严格遵守考场规则，听从主监考的指挥。考试结束后，必须把试卷和答题卡放在桌子上，等监考人员收回、清点后，才能离场。

第二部分

说明：11 ～ 30 题，这部分试题，你将听到两个人的对话和几段简短的对话或讲话，每段话之后，根据内容提出问题，请你在 A B C D 四个备选答案中选出最恰当的答案。

例如：第 18 题，你听到：

男：李小芳，我是王刚，今天数学老师留的是什么作业？

女：把第 5 课的课后练习全部做一遍。

问：王刚正在做什么？

你在试卷上看到四个答案：

A 休息　　B 上课　　C 打电话　　D 写作业

根据对话，第 18 题最恰当的答案是 C，你应在答题卡上找到号码 18，在字母 C 上画一横道。横道一定要画得粗一些，重一些。

18. [A]　　[B]　　■　　[D]

一段对话或一段简短讲话的答题形式跟上面的例题相同。

11. A 头很疼
    B 想吃东西
    C 不想吃东西
    D 有一点儿头疼

12. A 女的今天不忙
    B 男的忘了买鱼
    C 女的忘了喂鱼
    D 男的今天很忙

13. A 没参加考试
    B 考试考得好
    C 没在房间里
    D 被父母批评了

14. A 认为男的年纪大
    B 夸男的看着年轻
    C 没记住男的的年龄
    D 不知道男的的年龄

15. A 小王会来听音乐会
    B 小王不想听音乐会
    C 小王生病了不能来
    D 不知道小王来不来

16. A 她想买一张
    B 她有几百块钱
    C 那种邮票挺贵的
    D 那种邮票特别多

17. A 男的今年毕业
    B 女的今年毕业
    C 男的还没毕业
    D 女的还没毕业

18. A 春天
    B 夏天
    C 秋天
    D 冬天

19. A 学校
    B 医院
    C 商场
    D 银行

20. A 男的
    B 亲人
    C 邻居
    D 同事

21. A 同学
    B 同事
    C 师生
    D 朋友

22. A 晚会上要唱歌
    B 唱歌唱得不好
    C 不参加新年晚会
    D 没想好表演什么

23. A 周六去饭店
    B 到四川旅游
    C 男的考了第一名
    D 儿子考了第一名

24. A 男的
    B 女的
    C 儿子
    D 老师

25. A 春节
    B 劳动节
    C 儿童节
    D 国庆节

26. A 妈妈
    B 爸爸
    C 姐姐
    D 小伙伴

27. A 浪费了水
    B 不会做饭
    C 不会洗碗
    D 玩儿了一天

28. A 几次
    B 十次
    C 十几次
    D 几十次

29. A 10%
    B 15%
    C 20%
    D 30%

30. A 人们都愿意搬家
    B 美国人喜欢搬家
    C 美国人一生从不搬家
    D 搬家是很简单的事情

2 • 2 • 2 • 2 • 2 • 2 • 2

第二部分

（15 题，15 分钟）

说明：46 ～ 60 题，每段文字后都有一个或几个问题，每个问题都有 A B C D 四个答案，请阅读后根据每题要求选出最恰当的答案，并在答题卡上找到试题号码，在代表正确答案的字母上画一横道。

46

每到周六，几个小伙伴就相约来到养老院，他们帮养老院里的爷爷、奶奶们量血压、读报、剪指甲……有时，还陪着爷爷、奶奶们散步。

【46】这段文字主要说的是：

A 养老院的老人很多

B 小伙伴们周六在一起

C 小伙伴们经常帮助老人

D 养老院的老人们很幸福

47

今天天气晴朗，我带着年迈的爷爷到人民公园散步。我们大约走了 20 分钟才到达公园。爷爷常说："走一走，身体好！"

【47】这段文字主要说的是：

A 今天天气很好

B 爷爷身体很好

C "我"家离公园近

D "我"带爷爷散步

48

某著名大学的生物系主任，这样教导他的学生们："在我的学术生涯中，我最大的诀窍是刻苦，每周工作时间超过 60 个小时。我要求你们每周工作 50 个小时。如果你能做到，你可以在实验室待下去；如果你不能，就离开实验室。"

【48】这段文字主要说的是：

A 某大学老师要求严格

B 主任的工作诀窍很多

C 努力工作就能取得成功

D 学生的工作量要超过老师

49

许多孩子没有耐心，是因为家长自己做事也是虎头蛇尾。因此，要想让孩子有耐心，父母首先要耐心地去做每一件事情。

【49】这段文字主要告诉我们：

A 许多孩子没有耐心

B 做事不能虎头蛇尾

C 别对孩子失去耐心

D 家长是孩子的榜样

50

有人认为，经常坐着打电子游戏除了对视力有影响，还容易导致肥胖。但美国迈阿密大学研究发现，打游戏时，玩家的心跳加速，热量消耗增多，只要控制好时间长短，打游戏比呆坐着看电视更为健康。

【50】坐着打电子游戏：

A 对视力没影响

B 热量消耗增多

C 玩家心跳变慢

D 没有看电视健康

57 ～ 60

二弟老实，出门在外打工，人生地不熟的，我总担心他吃亏。趁着他回家过节，我想教教他。没想到，还没等我开口，他倒先打开了话匣子。他说："哥，老实人没亏吃！队长看我做事实在，总把些重要的活儿给我干，比如收发料、管电机、验验土方什么的。其实，这些活儿都轻巧，不但累不着，工钱还一样拿。"我问："若没有这些轻巧活儿呢？"他笑了笑，说起了得意的一件事。

"一次挖沟，宽一米深一米的大沟，长度每人 20 米。别人都老早去抢占地段，拣好挖的地段挖。我不抢，谁知道哪里好挖？他们先后拣了较低凹的地段，最后把一段高地留给了我。哪想到一锹挖下去才明白：那些低凹的地方都是汽车轮子长期轧过的，而我挖的那一段，连人脚都没踩踏过，土层松软着呢。结果，他们两天还没完成任务，我不到一天就干完了。"

我说："吃亏是福。老实人天不欺。"二弟连连点头，并反复念叨一句话："吃亏在于不老实，老实人不吃亏。"

【57】"我"担心二弟：

A 太老实吃亏

B 打工太辛苦

C 在外没朋友

D 累坏了身体

【58】二弟为什么能干一些重要的活儿？

A 他会说话

B 他自己抢的

C 队长信任他

D 队长太老实

【59】挖沟时，二弟干得快的原因是：

A 有人帮忙

B 会干活儿

C 抢到了好地段

D 土地松软好挖

【60】本文主要想告诉我们：

A 在外打工不容易

B 在外打工要小心

C 老实人做事认真

D 老实人不会吃亏

三、书面表达

第一部分

（10 题，5 分钟）

说明：61 ～ 70 题，下面每个句子中都有一处拼音。请根据拼音，结合句子内容写出汉字。请在答题卡上找到试题的号码，把汉字写在号码处的空格里，一个空格里写一个汉字。

61．人们以为他是从来没有说过 huǎng 的人。

62．海里的动物，已经知道的大 gài 有多少种？

63．今天，妈妈带我们去音乐厅看表 yǎn 了。

64．他说一口 liú 利的英语，日语根本就不会说。

65．现在哥哥正在体育学院和同学们一起 tī 足球呢。

66．不要把话说得那么 nán 听，有什么事好好儿说嘛。

67．这篇日 jì 写了看到的事，又写了听到的事。

68．她是一个非常热 qíng 的人，而且还特别喜欢帮助别人。

69．我和王红已经 3 年没见面了，你给我们照 zhāng 相吧。

70．前几次的实 yàn 失败了，这几天他们一直在找失败的原因。

请接下去进入作文考试

⇩

MHK
中国少数民族汉语水平等级考试仿真试卷（十）

［一级］

卷 I

注 意 事 项

一、中国少数民族汉语水平等级考试（一级）试卷分为卷Ⅰ和卷Ⅱ两部分：

1. 卷Ⅰ为客观选择题，每题都有四个供选择的答案，要求在答卷上画出代表正确答案的字母，每题只能画一横道，如：**[A]** **[B]** ■ **[D]**，多画作废。

   请考生注意，卷Ⅰ使用阅读机阅卷，答案必须用铅笔画在答题卡上，不能写在试卷Ⅰ上。

   卷Ⅰ包括三项内容，共 70 题：

   （1）听力理解（30 题，约 20 分钟）

   （2）阅读理解（30 题，30 分钟）

   （3）书面表达（10 题，5 分钟）

2. 卷Ⅱ为书面表达主观题（作文），20 分钟。内容用黑色钢笔或签字笔写在答题卡的方格内。

   全部考试时间约 75 分钟。

二、注意看清题目的说明，严格按照说明的要求，在规定的时间内回答问题。

三、严格遵守考场规则，听从主监考的指挥。考试结束后，必须把试卷和答题卡放在桌子上，等监考人员收回、清点后，才能离场。

第二部分

说明：11 ～ 30 题，这部分试题，你将听到两个人的对话和几段简短的对话或讲话，每段话之后，根据内容提出问题，请你在 A B C D 四个备选答案中选出最恰当的答案。

例如：第 18 题，你听到：

男：李小芳，我是王刚，今天数学老师留的是什么作业？

女：把第 5 课的课后练习全部做一遍。

问：王刚正在做什么？

你在试卷上看到四个答案：

A 休息　　B 上课　　C 打电话　　D 写作业

根据对话，第 18 题最恰当的答案是 C，你应在答题卡上找到号码 18，在字母 C 上画一横道。横道一定要画得粗一些，重一些。

18. [A]　　[B]　　■　　[D]

一段对话或一段简短讲话的答题形式跟上面的例题相同。

11. A 男的去上海了
    B 男的前天回来的
    C 女的从上海回来了
    D 女的还没去过上海

12. A 赞同男的的话
    B 对男的有意见
    C 有自己的想法
    D 不愿意提意见

13. A 等人
    B 上课
    C 打电话
    D 聊天儿

14. A 男的没有故事书
    B 女的想看故事书
    C 男的有很多故事书
    D 女的不爱看故事书

15. A 没男的聪明
    B 没男的勤奋
    C 和男的一样聪明
    D 和男的一样勤奋

16. A 不给男的看小说
    B 让男的告诉妈妈
    C 不想被妈妈知道
    D 妈妈喜欢看小说

17. A 父女
B 母子
C 夫妻
D 邻居

18. A 下棋
B 游泳
C 爬山
D 打球

19. A 刮风
B 下雨
C 下雪
D 晴朗

20. A 表演不精彩
B 不好意思演
C 没有时间了
D 留着下次演

21. A 起晚了
B 不舒服
C 牛奶好喝
D 不想吃鸡蛋

22. A 要早起
B 要多吃几样
C 上课要认真
D 吃饱了有精神

23. A 商店
B 饭店
C 公园
D 电台

24. A 环境差
B 菜难吃
C 刚开业
D 没宣传

25. A 外语课
B 数学课
C 语文课
D 体育课

26. A 天气
B 爱好
C 动物
D 植物

27. A 爱开玩笑
B 缺少爱好
C 不够细心
D 有想象力

28. A 过节了
B 感谢爸爸
C 自己过生日
D 爸爸过生日

29. A 发现盒子太贵了
B 讨厌女儿的礼物
C 觉得女儿不听话
D 认为女儿欺骗他

30. A 全部的爱
B 感谢的话
C 温暖的笑
D 真诚的泪

2 • 2 • 2 • 2 • 2 • 2 • 2

第二部分

（15 题，15 分钟）

说明：46 ～ 60 题，每段文字后都有一个或几个问题，每个问题都有 A B C D 四个答案，请阅读后根据每题要求选出最恰当的答案，并在答题卡上找到试题号码，在代表正确答案的字母上画一横道。

46

我认识一位大学教授，他有两个孩子，儿子做木匠，女儿做室内装修，教授让他们根据自身的兴趣和能力去学习和就业。只有这样，孩子才能身心欢愉地工作和生活，才能成为有用之才。

【46】这段文字主要说的是：

A 家长要尊重孩子的意愿

B 教授的孩子们都工作了

C 孩子的兴趣点各不相同

D 孩子的身心健康很重要

47

有一次，我唱错了歌词，同学们都回头看我，我的脸一下子就红了。这时，我的好朋友小声对我说："前两次唱'喝彩'，最后一次才唱'加油'，多练习几遍就记住了。"我心里对他充满了感激。

【47】"我"为什么感谢好朋友？

A 他回头看"我"

B 他给"我"加油

C 他为"我"唱歌

D 他告诉"我"歌词

48

2015 年，北京的第一场雪下得很大，街道、房屋、树木都盖上了厚厚的一层白雪，气温也突然降低了。校园里拍雪景的、打雪仗的、堆雪人的随处可见，十分热闹。

【48】这段文字主要是说：

A 北京气温降低

B 下雪天非常冷

C 北京的第一场雪

D 校园的雪景很美

49

当擦鞋工为你擦鞋时，你不必弯下身子挽起你的裤脚；当服务员为你端来饭菜时，你不必起身接过碗盘。但是，当你起身离开时，别忘记对他们真诚地说上一句“谢谢”。

【49】这段文字主要告诉我们：

A 擦鞋工很辛苦

B 对待别人要真诚

C 要起身迎接客人

D 要尊重别人的劳动

50

我喜欢散步。有时随心所欲地到处走走，有时到学校操场或公园快走几圈。散步，既能放松心情，又能锻炼身体，实在是一项很好的运动。

【50】“我”喜欢散步的原因是：

A 感觉很自由

B 可以到处走走

C 有机会去公园

D 能促进身心健康

57 ～ 60

一个周五的下午，14 岁的薇薇从学校带回一个玩具婴儿，说这是学校留给她的家庭作业，要求她当一天婴儿的“妈妈”。这个玩具婴儿的身体里装有电脑芯片，具备与真婴儿一样的各种基本功能，如：吃奶、睡觉、尿床，会哭、会闹、会喊“抱抱”，等等。

第二天，天刚蒙蒙亮，婴儿就自动“苏醒”了，它哇哇大哭起来，把睡得正香的薇薇吵醒了。薇薇起身翻看老师给她准备的育儿知识手册，知道婴儿是饿了。于是，薇薇冲奶粉，喂婴儿。婴儿喝过奶后，不停地打嗝，薇薇把婴儿的身子竖起来，一手抱着婴儿，一手在婴儿的背上轻轻地拍打，婴儿便冲着薇薇咧开小嘴笑了。薇薇刚把婴儿放到提篮里，婴儿就哇哇哭个不停，薇薇只好又抱起他，轻轻地拍着。薇薇小心翼翼地抱着，因为婴儿的头部不能 360 度转动，一旦转动了 360 度，便意味着婴儿失去了生命。薇薇整整抱了一个小时，婴儿才闭上眼睛睡着了。薇薇想再睡一会儿，可还没等她躺下，婴儿又哭开了，原来它尿了……

那天，薇薇被婴儿整整折腾了一天，累得腰酸腿疼胳膊抽筋。晚上，薇薇非常感激地对自己的妈妈说：“妈妈，现在我才体会到养育一个孩子有多难。妈妈，谢谢您！”

【57】关于玩具婴儿，下列说法正确的是：

A 不吃奶

B 不睡觉

C 会喊“抱抱”

D 会写家庭作业

【58】薇薇为什么小心翼翼地抱着玩具婴儿？

A 想让婴儿笑

B 担心婴儿尿床

C 喜欢上了婴儿

D 怕转坏婴儿的头

【59】当了一天“妈妈”之后，薇薇觉得：

A 很快乐

B 非常累

C 很轻松

D 无所谓

【60】学校布置这个家庭作业的目的应该是：

A 培养孩子的耐心

B 让孩子学会照顾人

C 让孩子感谢母亲的付出

D 培养孩子的独立生活能力

3 · 3 · 3 · 3 · 3 · 3 · 3

三、书面表达

第一部分

（10 题，5 分钟）

说明：61 ～ 70 题，下面每个句子中都有一处拼音。请根据拼音，结合句子内容写出汉字。请在答题卡上找到试题的号码，把汉字写在号码处的空格里，一个空格里写一个汉字。

61．这 zuò 城市上下班时车辆特别多。

62．这次比赛我无论如何也要 chāo 过他。

63．我去的不是时候，他们正在 bān 家。

64．听了大家对他的表 yáng ，他只是轻轻地一笑。

65．我下次 zài 回去的时候，一定给父母带些这里的特产。

66．是他把花瓶碰倒了，你怎么批 píng 起我来了？

67．汽车 jià 驶员在夏天应该安排一定的午休时间。

68．我想问一下，是不是谁都可以参加这个 lián 欢晚会？

69．几千年来，马作为人类重要的交通工具发 huī 了很大作用。

70．在我国，茶叶一般生长在南方，北方 shì 合茶叶生长的地方比较少。

请接下去进入作文考试

⇩

听力理解录音材料

仿真试卷（一）

第一部分

说明：1～10题，这部分试题，你在听到录音中的一句话后，请根据说话的内容，在A B C D四个备选答案中选出与这句话搭配最恰当的一句话。

例如：第6题，你听到：

女：她要借你的铅笔，你怎么不借呢？

你在试卷上看到四个答案：

A 我会答应的

B 我也忘带了

C 她想用新的

D 她借给我了

第6题最恰当的答案是B，你应在答题卡上找到号码6，在字母B上画一横道。横道一定要画得粗一些，重一些。

6. [A] [redacted] [C] [D]

好，请大家准备好，我们开始做第1题。

1. 你看，这是我爸爸昨天送我的小说。
2. 这支笔真漂亮！在哪儿买的？
3. 那个穿红裙子的女孩儿是谁啊？
4. 明天的天气怎么样？
5. 天黑路滑，路上小心！
6. 王老师，您好！我生病了，想请一天假。
7. 坐车的人太多了，我们走着去吧。
8. 你好像没吃什么东西啊！
9. 你们的实验成功了吗？
10. 昨天晚会上你们的集体舞跳得真好！

男：明天有大风，还要降温呢。

女：正好明天是星期六，可以不出门。

男：可我还得去参加篮球比赛呢。

女：噢，我差点儿忘了，明天几点开始比赛？

男：上午九点半。

23．问：根据对话，明天天气怎么样？

24．问：明天男的要做什么？

25 到 27 题是根据下面一段话：

我有一个好朋友，它可不是一般的朋友，我们在一起 8 年了。它是姥姥家的一只小狗，非常听话，也非常可爱。记得有一次，我因为和小伙伴打架被妈妈批评了一顿，我伤心地哭起来。它跑到我身边，贴着我，用大大的眼睛看着我。在它的眼睛里我看到了关心，一个朋友的关心。

25．说话人提到的“朋友”是谁？

26．说话人和朋友在一起多长时间了？

27．说话人为什么哭了？

28 到 30 题是根据下面一段话：

期末考试成绩出来了。我考得比较好的是语文，虽然只有 92 分，但是比期中成绩提高了 10 分。我知道，跟其他同学比起来，我的成绩不算高，但这是我自己努力的结果。我的英语和数学成绩都没有达到 90 分，我觉得这是我课后没有认真复习造成的。我一定继续努力，把不会的地方都弄懂！

28．说话人哪门功课的成绩提高了 10 分？

29．对于没考好的功课，说话人认为是什么原因？

30．关于说话人，我们可以知道什么？

听力理解考试到此结束。

仿真试卷（二）

第一部分

说明：1 ～ 10 题，这部分试题，你在听到录音中的一句话后，请根据说话的内容，在 A B C D 四个备选答案中选出与这句话搭配最恰当的一句话。

例如：第 6 题，你听到：

女：她要借你的铅笔，你怎么不借呢？

你在试卷上看到四个答案：

A 我会答应的

B 我也忘带了

C 她想用新的

D 她借给我了

第 6 题最恰当的答案是 B，你应在答题卡上找到号码 6，在字母 B 上画一横道。横道一定要画得粗一些，重一些。

6. [A] ■ [C] [D]

好，请大家准备好，我们开始做第 1 题。

1. 这边的水果好像比那边便宜。
2. 你怎么买这么多书啊？
3. 他们什么时候才能来啊？
4. 你怎么知道我来了？
5. 火车站人多，你们小心一点儿。
6. 喂？您好，麻烦找一下王主任。
7. 你快点儿收拾收拾，我们马上出发。
8. 这些题没什么难的，我教你怎么做。
9. 你了解那里的情况吗？
10. 把你的词典借给我用一下，可以吗？

男：她没办法来参加考试。

女：怎么了？

男：两个月前她被车撞了一下。

女：真可怕，现在没事儿了吧？

男：身体恢复得差不多了，但是落下了很多课。

23. 问：男的最有可能是李林的什么人？

24. 问：李林为什么没参加毕业考试？

25 到 27 题是根据下面一段话：

我小时候很胆小，做什么事都没信心。12 岁那年，爸爸终于决定不再送我上学，让我自己坐公共汽车去上学。我坐在公共汽车上，非常害怕，担心会有坏人把我带走……终于到了车站，我看见了爸爸，我一下子哭了出来。爸爸看见我说："怎么样？还怕不怕？""不怕了，以后我还一个人坐公共汽车。"

25. 说话人小时候怎么样？

26. 爸爸让说话人做什么？

27. 在公共汽车上，说话人担心什么？

28 到 30 题是根据下面一段话：

星期天早晨，我去同学家玩儿。他家有一个很漂亮的小院子，里面有各种花。我在那里左看右看，一不小心把院子里一个放花的瓶子打碎了。同学和他的家人都没有看见，我想了想，还是走到屋里跟同学的妈妈道了歉，说我不小心把她家的花瓶弄坏了。同学的妈妈一边说"没关系"，一边夸奖我是一个诚实的好孩子。

28. 这件事发生在哪里？

29. 说话人不小心做了什么事？

30. 说话人是个什么样的人？

听力理解考试到此结束。

仿真试卷（三）

第一部分

> **说明**：1 ～ 10 题，这部分试题，你在听到录音中的一句话后，请根据说话的内容，在 A B C D 四个备选答案中选出与这句话搭配最恰当的一句话。
>
> **例如**：第 6 题，你听到：
>
> 女：她要借你的铅笔，你怎么不借呢？
>
> 你在试卷上看到四个答案：
>
> A 我会答应的
>
> B 我也忘带了
>
> C 她想用新的
>
> D 她借给我了
>
> 第 6 题最恰当的答案是 B，你应在答题卡上找到号码 6，在字母 B 上画一横道。横道一定要画得粗一些，重一些。
>
> 6. [A] ▬ [C] [D]
>
> 好，请大家准备好，我们开始做第 1 题。

1．最近有什么好看的电影？

2．你毛衣的颜色真好看！

3．你要请谁到家里吃饭啊？

4．你怎么买到这本词典的？

5．请慢走，欢迎下次光临！

6．喂！您好，您是王林的妈妈吗？

7．听我的，你少说两句！

8．今天太晚了，不会再有人来买东西了！

9．麻烦你提醒王老师明天下午开会。

10．我要去商店买点儿东西，你去不去？

男：是吗？他可真厉害，经常考100分。

女：平时我也很少看见他学习啊！

男：就是，一下课他就跑出去打球。

女：他是会学习的那种人。

男：而且还很聪明。

23．问：李伟哪门功课考了100分？

24．问：关于李伟，我们可以知道什么？

25到27题是根据下面一段话：

赵闯7岁开始学画恐龙，21岁时他的作品刊登在了英国《自然》杂志上，这本杂志第一次使用中国人画的古生物复原图。29岁的赵闯是国内唯一把复原恐龙图当成职业的画家，他的同行在全球少之又少。他已经创作了超过1000种古生物化石的生物形象复原作品。

25．问：赵闯几岁开始画恐龙？

26．问：作为画家，赵闯和别人有什么不同？

27．问：根据对话，我们可以知道什么？

28到30题是根据下面一段话：

使用筷子有很多好处。许多西方国家的成年人学了很长时间仍不会熟练地使用筷子，而中国的孩子从两岁起就学习用筷子吃饭，这对提高手的灵活性有明显作用。有人曾对美中两国儿童作过比较，发现中国儿童手的灵活程度要比美国儿童高，这和使用筷子有直接关系。

28．问：根据这段话，中国的孩子两岁时在做什么？

29．问：人们把中国孩子和哪国孩子进行了比较？

30．问：这段话主要说了什么？

听力理解考试到此结束。

仿真试卷（四）

第一部分

说明：1 ～ 10 题，这部分试题，你在听到录音中的一句话后，请根据说话的内容，在A B C D四个备选答案中选出与这句话搭配最恰当的一句话。

例如：第 6 题，你听到：

女：她要借你的铅笔，你怎么不借呢？

你在试卷上看到四个答案：

A 我会答应的

B 我也忘带了

C 她想用新的

D 她借给我了

第 6 题最恰当的答案是 B，你应在答题卡上找到号码 6，在字母 B 上画一横道。横道一定要画得粗一些，重一些。

6. [A] ■ [C] [D]

好，请大家准备好，我们开始做第 1 题。

1. 这种西瓜怎么卖？
2. 你做完作业没有？
3. 你们什么时候期中考试？
4. 你怎么不和大家一起去爬山呢？
5. 别忘了带雨伞，今天有雨。
6. 祝你生日快乐！又长大了一岁。
7. 快离开那里，那里不安全！
8. 我怎么感觉好像来过这里。
9. 你每天都在哪儿吃午饭？
10. 我和哥哥差不多每天晚上都十点睡，你呢？

男：怎么了？

女：咱们儿子的数学考试又没及格！

男：考试前又没好好复习吧。

女：看他每天也挺努力的。

男：明天，咱俩去找他的老师了解一下情况吧。

23．问：说话人最有可能是什么关系？

24．问：男的有什么建议？

25 到 27 题是根据下面一段话：

早上我睁开眼睛看了一眼表，不好，离上课只有一刻钟了。我马上穿好衣服，急急忙忙吃了两口饭，抓起书包就跑。快出门了，却感觉到书包比以前轻了许多，这才突然想起来，有几本书还在书桌上。等我跑到学校的时候，已经迟到了。当全班 40 多双眼睛都看着我时，我的脸红了。

25．问：关于说话人，我们可以知道什么？

26．问：说话人的书包为什么变轻了？

27．问：说话人的脸为什么红了？

28 到 30 题是根据下面一段话：

今天是新年的第一天，我家有两件大喜事：一是过新年，二是我爷爷过 70 岁生日。妈妈做了一大桌子好吃的饭菜。我坐在爷爷旁边，爷爷给我夹了一个鸡腿，笑呵呵地说："希望我孙子快快成长，跑得快。"我把鸡腿放到爷爷碗里，说："祝爷爷身体健康，活到 100 岁。"我们全家人都开心地大笑起来。

28．今天是几月几日？

29．爷爷今年多大岁数了？

30．根据这段话，我们可以知道什么？

听力理解考试到此结束。

仿真试卷（五）

第一部分

说明：1 ～ 10 题，这部分试题，你在听到录音中的一句话后，请根据说话的内容，在 A B C D 四个备选答案中选出与这句话搭配最恰当的一句话。

例如：第 6 题，你听到：

女：她要借你的铅笔，你怎么不借呢？

你在试卷上看到四个答案：

A 我会答应的

B 我也忘带了

C 她想用新的

D 她借给我了

第 6 题最恰当的答案是 B，你应在答题卡上找到号码 6，在字母 B 上画一横道。横道一定要画得粗一些，重一些。

6. [A] ■ [C] [D]

好，请大家准备好，我们开始做第 1 题。

1．这顿饭应该花了不少钱吧？
2．正在演出，请不要说话！
3．我们什么时候去郊游？
4．他这是怎么了？开车差点儿撞到树上！
5．踢球时小心点儿，不要打坏了玻璃。
6．喂？请问是小吃店吗？我要订餐。
7．快考试了，你们可得抓紧时间啊！
8．我们搬到新家住了，以后来新家玩儿吧！
9．你怎么什么都知道？
10．我现在要回家了，你还不走？

男：好的。什么时候可以报名？

女：明天就可以。

男：在哪儿报名？

女：图书馆二楼。

男：好的，知道了。

23. 问：什么时候开运动会？

24. 问：说话人最有可能是什么关系？

25 到 27 题是根据下面一段话：

下课了，同学们都跑出教室，操场上一下子变得特别热闹。操场这边的同学们分成两组开始跳绳比赛，每组都排起了长队，一个接一个地跳。参赛的人跳得好快、好高啊！旁边还有同学在给他们加油，大声喊着“三班加油”或者“四班加油”，大家都很开心。

25. 问：下课了，哪里很热闹？

26. 问：同学们在进行什么比赛？

27. 问：大家的心情怎么样？

28 到 30 题是根据下面一段话：

爸爸是一个不爱说话的人，我们很少聊天儿，有时候我觉得爸爸不爱我。有一天，放学的时候下起了大雨，我没有带伞，急急忙忙往家跑。突然，我感觉头上有一把大大的雨伞。我抬头一看，是爸爸。他什么也没说，只是冲着我笑了一下。我的眼泪一下子流了下来。

28. 问：说话人的爸爸是什么性格？

29. 问：放学的时候发生什么事了？

30. 问：说话人为什么哭了？

听力理解考试到此结束。

仿真试卷（六）

第一部分

说明： 1 ～ 10 题，这部分试题，你在听到录音中的一句话后，请根据说话的内容，在 A B C D 四个备选答案中选出与这句话搭配最恰当的一句话。

例如： 第 6 题，你听到：

女：她要借你的铅笔，你怎么不借呢？

你在试卷上看到四个答案：

A 我会答应的

B 我也忘带了

C 她想用新的

D 她借给我了

第 6 题最恰当的答案是 B，你应在答题卡上找到号码 6，在字母 B 上画一横道。横道一定要画得粗一些，重一些。

6. [A]　■　[C]　[D]

好，请大家准备好，我们开始做第 1 题。

1．我借给你的那本书你看完了吗？
2．听说明天要开会？
3．你什么时候去北京？
4．今天真冷啊！
5．你准备好了吗？我们走吧。
6．老刘，好久不见！
7．十一点半，我们在博物馆门前见吧！
8．今天你们买了什么好东西？
9．请你替我向王老师问好。
10．这里的风景太美了，咱们以后还会再来吧？

男：差不多了，这次开会一共就五天，用不着带那么多东西。

女：衣服啊，会议材料啊，药啊，都带好了吗？

男：都带好了，放心吧。

女：你走了，我和你爸爸在家会想你的。

男：我很快就回来了。

23．问：男的要去干什么？

24．问：说话人最有可能是什么关系？

25到27题是根据下面一段话：

在家里，妈妈是最爱我的人。记得小学四年级的一天，在外面吃完中午饭，我的肚子突然疼了起来。晚上回到家，妈妈看我没精神就问我怎么了，我说肚子疼。妈妈马上带我去医院，医生说我吃了不干净的东西，给我开了药。晚上很晚了，妈妈还坐在我的床边照顾我。我非常感谢妈妈。

25．小学四年级的一天，说话人怎么了？

26．说话人怎么去的医院？

27．这段话表达了说话人怎样的情感？

28到30题是根据下面一段话：

我喜欢唱歌，因为唱歌可以给我带来快乐。我希望我的歌声可以让辛苦一天的人们有一种轻松的感觉。寒假第一天，我就开始练习唱歌。我知道练习唱歌是很辛苦的事情，而且还要科学练习，正确用力和发声。每天早上，我都会到公园里找个地方练习唱歌，这样就不会影响别人休息、学习或工作。我觉得，我唱得越来越好了。

28．唱歌可以给说话人带来什么？

29．说话人什么时候练习唱歌？

30．关于练习唱歌，说话人知道什么？

听力理解考试到此结束。

仿真试卷（七）

第一部分

说明：1 ～ 10 题，这部分试题，你在听到录音中的一句话后，请根据说话的内容，在 A B C D 四个备选答案中选出与这句话搭配最恰当的一句话。

例如：第 6 题，你听到：

女：她要借你的铅笔，你怎么不借呢？

你在试卷上看到四个答案：

A 我会答应的

B 我也忘带了

C 她想用新的

D 她借给我了

第 6 题最恰当的答案是 B，你应在答题卡上找到号码 6，在字母 B 上画一横道。横道一定要画得粗一些，重一些。

6. [A] ■ [C] [D]

好，请大家准备好，我们开始做第 1 题。

1．你这么早就走啊？
2．我不能去旅行了，事情太多。
3．这些孩子什么时候才能长大啊？
4．你怎么买到火车票的？
5．你小心点儿，这种鱼有很多刺。
6．你好！请问李校长在吗？
7．外面刮风了，你穿上我的风衣吧！
8．我们等了你半天，你怎么才来？
9．今天是周末，哪儿都人多。
10．我的作业都写完了。你呢？

男：和李明去看足球赛了。

女：早点儿睡吧，明天还要去博物馆呢。

男：哦，对，我们明天要去看展览。

女：是啊，你都忘了吧？

男：可不是嘛。

23. 问：说话人最有可能是什么关系？

24. 问：男的明天要做什么？

25 到 27 题是根据下面一段话：

很多国家把每年 6 月的第三个星期日定为父亲节。1910 年 6 月，美国庆祝了世界上第一个父亲节。当时，父亲还健在的人就在胸前戴一朵红色的花，表达对父亲的尊敬；而父亲已去世的人则戴一朵白色的花，表达对父亲的怀念。

25. 父亲节那天是星期几？

26. 第一个庆祝父亲节的是哪个国家？

27. 第一个父亲节时，人们如何表达对父亲的怀念？

28 到 30 题是根据下面一段话：

我大概五六岁的时候，有一次一家人正在吃饭，这时，正好有一架飞机从空中飞过，爸爸赶紧跑到院子里。等他再回到屋里的时候，手里抱着几个红红的大苹果。那时，苹果在广东是很少见的。爸爸跟我们开玩笑说，苹果是从飞机上掉下来的。我们全家人都大笑起来。

28. 飞机经过时，说话人一家人在做什么？

29. 为什么说话人一家人都大笑起来？

30. 根据这段话，我们可以知道什么？

听力理解考试到此结束。

仿真试卷（八）

第一部分

说明：1 ～ 10 题，这部分试题，你在听到录音中的一句话后，请根据说话的内容，在 A B C D 四个备选答案中选出与这句话搭配最恰当的一句话。

例如：第 6 题，你听到：

女：她要借你的铅笔，你怎么不借呢？

你在试卷上看到四个答案：

A 我会答应的

B 我也忘带了

C 她想用新的

D 她借给我了

第 6 题最恰当的答案是 B，你应在答题卡上找到号码 6，在字母 B 上画一横道。横道一定要画得粗一些，重一些。

6. [A]　■　[C]　[D]

好，请大家准备好，我们开始做第 1 题。

1. 这个电影院怎么样？
2. 只要努力，什么东西学不会啊？
3. 你什么时候能把工作做完啊？
4. 这么晚了，妈妈怎么还不回来？
5. 太远了，我开车送你们吧！
6. 喂，张丽吗？请通知你们班同学，明天提前半小时集合。
7. 我生病的事情千万别告诉妈妈啊！
8. 不就是修电脑嘛，有什么难的？
9. 吃不完的饭菜咱们带走吧，别浪费。
10. 这首歌很适合咱们在新年晚会上演唱，你说呢？

男：昨天晚上十二点多才睡，再让我睡会儿吧！

女：你忘了，今天十点要去参加足球训练啊！

男：哦，现在几点了？

女：快九点了，再晚就来不及了。

男：您怎么不早点儿叫我啊？

23．问：男的昨天什么时候睡的？

24．问：根据对话，我们可以知道什么？

25 到 27 题是根据下面一段话：

我曾看见过，有人不把交通安全当回事，没有把“红灯停，绿灯行”记在心里，为了图方便，为了赶路，发生了交通事故。每个人都应该自觉遵守交通规则，都遵守了，大家就都安全了。“高高兴兴上学去，平平安安回家来”是每个老师和爸爸、妈妈对我们的共同心愿。我一定要在自己遵守交通规则的同时，在同学中间多做宣传，让交通安全伴我们健康成长。

25．根据这段话，说话人认为发生交通事故的原因是什么？

26．根据这段话，老师和爸爸、妈妈对我们的共同心愿是什么？

27．说话人要向谁多宣传交通规则？

28 到 30 题是根据下面一段话：

大熊猫主要生长在我国的四川省。大熊猫最喜欢吃竹子，偶尔也会吃一些小动物、鸟蛋或者水果。它们的消化能力很强，食量也很大，在自然环境中，一天要吃几十千克竹子。它们的身体很笨重，但是善于爬树，会游泳，遇到敌人的时候，常常可以快速爬到树上。

28．除了竹子，大熊猫还吃什么？

29．大熊猫一天能吃多少竹子？

30．遇到敌人时，大熊猫常常会怎么做？

听力理解考试到此结束。

仿真试卷（九）

第一部分

说明：1 ～ 10 题，这部分试题，你在听到录音中的一句话后，请根据说话的内容，在 A B C D 四个备选答案中选出与这句话搭配最恰当的一句话。

例如：第 6 题，你听到：

女：她要借你的铅笔，你怎么不借呢？

你在试卷上看到四个答案：

A 我会答应的

B 我也忘带了

C 她想用新的

D 她借给我了

第 6 题最恰当的答案是 B，你应在答题卡上找到号码 6，在字母 B 上画一横道。横道一定要画得粗一些，重一些。

6. [A] [redacted] [C] [D]

好，请大家准备好，我们开始做第 1 题。

1. 你看，我画的是什么？
2. 听说你找到自行车了？
3. 你们什么时候放假？
4. 刘红怎么没和你一起来？
5. 不远送了，咱们以后常联系啊！
6. 喂？张伟吗？请你到办公室来一下。
7. 您好，这里不能停车！
8. 对不起，我刚才实在忍不住，笑出声了。
9. 我有点儿不舒服，不能去找你了。
10. 我报名参加周末的运动会了。

男：好啊！正好咱们儿子考了第一名，庆祝一下。

女：去哪家好呢？

男：我们去四川饭店吧，你不是喜欢吃辣的吗？

女：可是儿子不喜欢吃辣的。

男：那就先问问儿子再说吧。

23. 问：说话人要庆祝什么？

24. 问：谁喜欢吃辣的？

25 到 27 题是根据下面一段话：

昨天是“六一”儿童节，我们几个小伙伴在一起玩儿了一天。妈妈给我们准备了好吃的饭菜，饭后我和姐姐一起洗碗。我打开水龙头，水哗哗地流着。姐姐说：“你怎么这么洗碗啊？太浪费了！应该把水放到盆子里，在盆子里洗，不应该让水一直流。”我的脸不由得红了。

25. 问：说话人什么时候玩儿了一天？

26. 问：谁为说话人准备了好吃的饭菜？

27. 问：说话人为什么脸红了？

28 到 30 题是根据下面一段话：

搬家是一件很麻烦的事情，一般情况下人们是不愿意随便搬家的。美国人是世界上最喜欢搬家的人，他们很难一生定居在一个地方，往往要搬十几次家。据统计，在最近 15 个月里，美国有五分之一的家庭变换了住址，只有十分之一的家庭在一个地方居住的时间超过 30 年。

28. 问：美国人一生往往要搬多少次家？

29. 问：美国有多少家庭在一个地方居住超过 30 年？

30. 问：根据这段话，我们可以知道什么？

听力理解考试到此结束。

仿真试卷（十）

第一部分

说明：1 ～ 10 题，这部分试题，你在听到录音中的一句话后，请根据说话的内容，在 A B C D 四个备选答案中选出与这句话搭配最恰当的一句话。

例如：第 6 题，你听到：

女：她要借你的铅笔，你怎么不借呢？

你在试卷上看到四个答案：

A 我会答应的

B 我也忘带了

C 她想用新的

D 她借给我了

第 6 题最恰当的答案是 B，你应在答题卡上找到号码 6，在字母 B 上画一横道。横道一定要画得粗一些，重一些。

6. [A] ■ [C] [D]

好，请大家准备好，我们开始做第 1 题。

1. 这些花儿是谁送来的？
2. 你看我妹妹跳得怎么样？她学了 5 年民族舞。
3. 我们班明天去春游，你们呢？
4. 昨天晚上停电了，你怎么写的作业？
5. 这是您的面包，请拿好！
6. 喂？您好！请帮我查一下火车站售票处的电话。
7. 这里是医院，你说话小声点儿！
8. 这里有什么好玩儿的吗？
9. 李老师，您能告诉我张老师家的地址吗？
10. 今天我爸来接我，我坐他的车回家，你呢？

女：是啊。您看，我们这儿的环境多好啊！

男：环境是挺好的，菜的味道也不错。

女：可能是因为我们刚开业不久，大家都还不知道吧。

男：有可能。下次我带几个电台的朋友来这儿吃饭。

女：太好了！您帮我们多宣传宣传。

23．问：说话人最有可能在哪儿？

24．问：为什么这儿的人不多？

25 到 27 题是根据下面一段话：

上语文课的时候，老师让我们介绍自己的爱好，我说我喜欢看天空中的白云，那些白云有的像小狗，有的像鲜花，有的像黄瓜……这时同学们笑了，有个同学说："白云怎么能像黄瓜呢？哈哈……"我很不好意思。这时老师对我说："你观察东西很仔细，而且很有想象力。"听到老师的话我非常高兴。

25．问：这件事发生在什么课上？

26．问：老师让同学们介绍什么？

27．问：老师认为说话人怎么样？

28 到 30 题是根据下面一段话：

爸爸过生日的时候，女儿把一个非常漂亮的盒子送给爸爸，她微笑着对爸爸说："我为您准备了世界上最好的礼物。"当爸爸打开盒子时，发现盒子里什么也没有，爸爸很生气地说："你不能骗人，这是不对的。"女儿的眼里一下子充满了泪水，她认真地对爸爸说："爸爸，这里面不是空的，我把我对你全部的爱都放在里面了。"

28．问：女儿为什么给爸爸送礼物？

29．问：爸爸为什么很生气？

30．问：女儿送给爸爸的最好的礼物是什么？

听力理解考试到此结束。

参考答案

仿真试卷（一）

一、听力理解

1. A	2. A	3. D	4. B	5. C	6. A	7. D	8. C	9. A	10. C
11. A	12. B	13. D	14. B	15. C	16. C	17. C	18. B	19. D	20. D
21. C	22. A	23. C	24. C	25. B	26. D	27. C	28. A	29. C	30. A

二、阅读理解

31. B	32. A	33. A	34. C	35. D	36. B	37. D	38. C	39. B	40. A
41. B	42. D	43. C	44. D	45. B	46. B	47. A	48. D	49. D	50. C
51. C	52. B	53. D	54. B	55. C	56. A	57. D	58. B	59. C	60. A

三、书面表达

第一部分

61. 郊	62. 刮	63. 博	64. 胖	65. 实
66. 证	67. 匙	68. 符	69. 顿	70. 做

第二部分

7月12日　星期三　多云

今天是放假的第三天，爸爸突然接到电话，要去外地开会，妈妈去照顾生病的姥姥了。这样一来，就剩下我一个人在家了。

上午爸爸一走，家里就一下子变得特别安静了。我想：从现在开始，我就要靠自己了，要自己起床、穿衣，自己收拾东西，自己做饭吃。白天还可以，我觉得没什么，也不太害怕。

后来，天慢慢黑下来了，我吃完晚饭开始看电视。到晚上十点，我准备关灯睡觉时，心里突然害怕起来，脑子里出现了许多读过的令人害怕的故事，不敢关灯。我忍不住给爸爸打了个电话，爸爸说："没事的，如果害怕就开灯睡吧。"第一晚就这样过去了，第二晚开始我就不太害怕了。

四天后，爸爸妈妈都回家了，他们都说我很勇敢，我心里特别高兴，觉得自己一下子长大了。

仿真试卷（四）

一、听力理解

1. C	2. B	3. A	4. B	5. D	6. A	7. C	8. A	9. C	10. A
11. C	12. A	13. C	14. C	15. B	16. B	17. B	18. A	19. A	20. D
21. D	22. A	23. D	24. C	25. B	26. C	27. D	28. A	29. B	30. A

二、阅读理解

31. B	32. C	33. C	34. A	35. D	36. B	37. D	38. A	39. B	40. A
41. D	42. C	43. B	44. D	45. A	46. D	47. C	48. D	49. D	50. D
51. A	52. D	53. B	54. D	55. C	56. C	57. C	58. C	59. D	60. A

三、书面表达

第一部分

61. 悔	62. 棉	63. 输	64. 详	65. 码
66. 功	67. 场	68. 技	69. 据	70. 安

第二部分

请自觉爱护环境

今天是星期日，天气特别好，蓝蓝的天，白白的云，一只小燕子自由地飞着。东东和兰兰一起到人民公园游玩。

公园里游玩的人很多，人们都在不停地拍着美丽的景色，东东和兰兰也拍了很多美景，他们要把这些照片发给同学们好好欣赏。突然，他们发现在离果皮箱不远的草地上，有游客们扔下的香蕉皮、苹果皮等，他俩赶紧捡起香蕉皮、苹果皮，把它们放到果皮箱里。

美好的环境需要我们每个人来保护！大家都应该自觉爱护环境啊！

仿真试卷（五）

一、听力理解

1. A	2. B	3. D	4. B	5. C	6. A	7. C	8. C	9. D	10. C
11. B	12. A	13. C	14. B	15. C	16. C	17. D	18. A	19. C	20. B
21. C	22. A	23. C	24. C	25. B	26. C	27. A	28. B	29. A	30. D

二、阅读理解

31. A	32. C	33. B	34. C	35. D	36. C	37. B	38. C	39. A	40. B
41. D	42. D	43. C	44. A	45. B	46. C	47. D	48. D	49. D	50. B
51. A	52. B	53. B	54. C	55. C	56. B	57. A	58. D	59. D	60. D

三、书面表达

第一部分

61. 晴	62. 摸	63. 楚	64. 细	65. 恢
66. 到	67. 格	68. 绝	69. 怪	70. 紧

第二部分

校 运 动 会

星期五，学校召开运动会。天气晴朗，暖暖的阳光照在身上特别舒服。

上午八点，运动会开始了。首先是100米赛跑，我们班的王红参加了这个项目。运动员们站在跑道上做好了比赛的准备。“各就各位——预备——”发令枪响了，穿着白色运动服的运动员们飞快地跑到了终点。哇！王红是第一名。我赶紧跑过去扶住王红，并向她表示祝贺。

这次运动会，我们班的运动员们表现得非常好，我们班取得了全校第二名的成绩，同学们都非常高兴！我们也为运动员们不怕累的精神所感动！

仿真试卷（八）

一、听力理解

1. A　2. B　3. A　4. A　5. C　6. B　7. A　8. B　9. D　10. C

11. A　12. A　13. C　14. B　15. D　16. B　17. C　18. B　19. D　20. A

21. C　22. C　23. D　24. A　25. B　26. D　27. C　28. A　29. D　30. D

二、阅读理解

31. D　32. B　33. B　34. C　35. C　36. D　37. A　38. B　39. A　40. B

41. C　42. D　43. A　44. B　45. C　46. D　47. D　48. B　49. B　50. A

51. D　52. D　53. D　54. C　55. A　56. B　57. C　58. B　59. D　60. C

三、书面表达

第一部分

61. 织　62. 意　63. 输　64. 致　65. 须

66. 集　67. 转　68. 毕　69. 整　70. 弱

第二部分

给爸爸、妈妈的一封信

亲爱的爸爸、妈妈：

　　你们好！最近身体好吗？

　　我们这一学期就要结束了，我想跟爸爸、妈妈说说我的学习、课外活动情况。

　　学习方面。我们每天早上都有早自习，一般我们都要朗读课文，然后就开始上课。上午一般有语文课、数学课，老师讲得可好了，我都能听懂。老师表扬我上课认真听讲，能按时完成作业。

　　课外活动方面。下午四点下课后，我们一般有一个小时的课外活动时间。有的时候，老师和我们一起玩游戏；有的时候，老师和我们一起唱歌、跳舞；还有的时候，同学们一起动手做小礼物。

　　爸爸、妈妈，我在学校的学习等各方面情况都挺好的，你们放心吧！

　　祝爸爸、妈妈身体健康！

女儿：×××

7月3日

仿真试卷（九）

一、听力理解

1. B	2. A	3. D	4. C	5. D	6. B	7. C	8. D	9. D	10. A
11. C	12. C	13. D	14. B	15. A	16. C	17. D	18. B	19. B	20. C
21. A	22. D	23. D	24. B	25. C	26. A	27. A	28. C	29. A	30. B

二、阅读理解

31. B	32. A	33. A	34. C	35. D	36. B	37. D	38. B	39. D	40. B
41. C	42. C	43. D	44. A	45. C	46. C	47. D	48. A	49. D	50. B
51. D	52. A	53. D	54. A	55. C	56. D	57. A	58. C	59. D	60. D

三、书面表达

第一部分

61. 谎	62. 概	63. 演	64. 流	65. 踢
66. 难	67. 记	68. 情	69. 张	70. 验

第二部分

认 真 做 操

每天早自习前，同学们都要到操场上做操，不管刮风下雨他们都坚持做操。

今天是劳动节，学校放假。小军和小兰，还有其他同学一起来到家附近的小花园里做操。天空蓝蓝的，云彩白白的，小鸟在树上快乐地唱着歌，好像在欢迎同学们。小军、小兰他们开始做操了，他们摆动着胳膊认真地做着操。做完操后，他们准备回家复习功课。

通过做操、跑步等锻炼，他们的身体越来越好了，也很少感冒。他们说：“要想学习好，先要身体好，身体好了，可以学到更多知识，将来才能为国家、为社会多做贡献呢！”

MHK

中国少数民族汉语水平等级考试(一级)答题卡

白色检测区,请勿污染!

姓　　名:＿＿＿＿＿＿＿＿

性　　别:男▭　女▭　试卷号码:＿＿＿＿

考场号:＿＿＿＿　座位号:＿＿＿＿

准考证序号:＿＿＿＿＿＿＿＿

填涂说明

1. 答题前,考生先将自己的姓名等填写清楚。
2. 选择题必须使用2B铅笔填涂,作文必须使用黑色钢笔或签字笔书写,应字体工整、笔迹清楚。
3. 保持卷面整洁,不要折叠、弄破,不准使用涂改液、刮纸刀。
4. 填涂示例:正确填涂 ▬
　　错误填涂[A][B][C][D]

贴条形码区

A ▬

选　择　题

1[A][B][C][D]	13[A][B][C][D]	25[A][B][C][D]	37[A][B][C][D]	49[A][B][C][D]
2[A][B][C][D]	14[A][B][C][D]	26[A][B][C][D]	38[A][B][C][D]	50[A][B][C][D]
3[A][B][C][D]	15[A][B][C][D]	27[A][B][C][D]	39[A][B][C][D]	51[A][B][C][D]
4[A][B][C][D]	16[A][B][C][D]	28[A][B][C][D]	40[A][B][C][D]	52[A][B][C][D]
5[A][B][C][D]	17[A][B][C][D]	29[A][B][C][D]	41[A][B][C][D]	53[A][B][C][D]
6[A][B][C][D]	18[A][B][C][D]	30[A][B][C][D]	42[A][B][C][D]	54[A][B][C][D]
7[A][B][C][D]	19[A][B][C][D]	31[A][B][C][D]	43[A][B][C][D]	55[A][B][C][D]
8[A][B][C][D]	20[A][B][C][D]	32[A][B][C][D]	44[A][B][C][D]	56[A][B][C][D]
9[A][B][C][D]	21[A][B][C][D]	33[A][B][C][D]	45[A][B][C][D]	57[A][B][C][D]
10[A][B][C][D]	22[A][B][C][D]	34[A][B][C][D]	46[A][B][C][D]	58[A][B][C][D]
11[A][B][C][D]	23[A][B][C][D]	35[A][B][C][D]	47[A][B][C][D]	59[A][B][C][D]
12[A][B][C][D]	24[A][B][C][D]	36[A][B][C][D]	48[A][B][C][D]	60[A][B][C][D]

注意:请用正楷在米字格内书写,不要在[A][B]上做任何标记。

61[A][B]　62[A][B]　63[A][B]　64[A][B]　65[A][B]

66[A][B]　67[A][B]　68[A][B]　69[A][B]　70[A][B]

书面表达(作文)

(20分钟)

(2)

作　文　要　求

1. 写作前认真阅读作文提示,按提示要求在规定的时间内写完。
2. 每个空格写一个汉字,汉字书写要清楚工整;每个标点符号占一个空格,标点符号使用要规范。
3. 作文中不得出现跟考生有关的校名、地名和真人姓名。
4. 保持卷面整洁,不得涂划损坏答卷。

翻开此页到背面答题

注意作文格式及字数要求

中国　北京

教育部考试中心监制

白 色 检 测 区 ， 请 勿 污 染 ！

MHK

中国少数民族汉语水平等级考试（一级）答题卡

白色检测区，请勿污染！

姓　　名：____________

性　　别：男▭　女▭　试卷号码：________

考 场 号：________　座 位 号：________

准考证序号：____________

填涂说明

1. 答题前，考生先将自己的姓名等填写清楚。
2. 选择题必须使用2B铅笔填涂，作文必须使用黑色钢笔或签字笔书写，应字体工整、笔迹清楚。
3. 保持卷面整洁，不要折叠、弄破，不准使用涂改液、刮纸刀。
4. 填涂示例：正确填涂 ▬
   错误填涂 [A] [B] [C] [D]

贴条形码区

A

选　择　题

1 [A][B][C][D]	13 [A][B][C][D]	25 [A][B][C][D]	37 [A][B][C][D]	49 [A][B][C][D]
2 [A][B][C][D]	14 [A][B][C][D]	26 [A][B][C][D]	38 [A][B][C][D]	50 [A][B][C][D]
3 [A][B][C][D]	15 [A][B][C][D]	27 [A][B][C][D]	39 [A][B][C][D]	51 [A][B][C][D]
4 [A][B][C][D]	16 [A][B][C][D]	28 [A][B][C][D]	40 [A][B][C][D]	52 [A][B][C][D]
5 [A][B][C][D]	17 [A][B][C][D]	29 [A][B][C][D]	41 [A][B][C][D]	53 [A][B][C][D]
6 [A][B][C][D]	18 [A][B][C][D]	30 [A][B][C][D]	42 [A][B][C][D]	54 [A][B][C][D]
7 [A][B][C][D]	19 [A][B][C][D]	31 [A][B][C][D]	43 [A][B][C][D]	55 [A][B][C][D]
8 [A][B][C][D]	20 [A][B][C][D]	32 [A][B][C][D]	44 [A][B][C][D]	56 [A][B][C][D]
9 [A][B][C][D]	21 [A][B][C][D]	33 [A][B][C][D]	45 [A][B][C][D]	57 [A][B][C][D]
10 [A][B][C][D]	22 [A][B][C][D]	34 [A][B][C][D]	46 [A][B][C][D]	58 [A][B][C][D]
11 [A][B][C][D]	23 [A][B][C][D]	35 [A][B][C][D]	47 [A][B][C][D]	59 [A][B][C][D]
12 [A][B][C][D]	24 [A][B][C][D]	36 [A][B][C][D]	48 [A][B][C][D]	60 [A][B][C][D]

注意：请用正楷在米字格内书写，不要在 [A][B] 上做任何标记。

61 [A][B]	62 [A][B]	63 [A][B]	64 [A][B]	65 [A][B]
66 [A][B]	67 [A][B]	68 [A][B]	69 [A][B]	70 [A][B]

书面表达（作文）

（20分钟）

（2）

作　文　要　求

1. 写作前认真阅读作文提示，按提示要求在规定的时间内写完。
2. 每个空格写一个汉字，汉字书写要清楚工整；每个标点符号占一个空格，标点符号使用要规范。
3. 作文中不得出现跟考生有关的校名、地名和真人姓名。
4. 保持卷面整洁，不得涂划损坏答卷。

翻开此页到背面答题

注意作文格式及字数要求

中国　北京

教育部考试中心监制

白色检测区，请勿污染！

MHK

中国少数民族汉语水平等级考试（一级）答题卡

白色检测区，请勿污染！

姓　　名：__________

性　　别：男▭　女▭　试卷号码：__________

考 场 号：__________　座 位 号：__________

准考证序号：__________

填涂说明

1. 答题前，考生先将自己的姓名等填写清楚。
2. 选择题必须使用2B铅笔填涂，作文必须使用黑色钢笔或签字笔书写，应字体工整、笔迹清楚。
3. 保持卷面整洁，不要折叠、弄破，不准使用涂改液、刮纸刀。
4. 填涂示例：正确填涂 ▬
   错误填涂 [A̸] [B̸] [C̸] [D̸]

贴条形码区

A ▬

选择题

1 [A][B][C][D]	13 [A][B][C][D]	25 [A][B][C][D]	37 [A][B][C][D]	49 [A][B][C][D]
2 [A][B][C][D]	14 [A][B][C][D]	26 [A][B][C][D]	38 [A][B][C][D]	50 [A][B][C][D]
3 [A][B][C][D]	15 [A][B][C][D]	27 [A][B][C][D]	39 [A][B][C][D]	51 [A][B][C][D]
4 [A][B][C][D]	16 [A][B][C][D]	28 [A][B][C][D]	40 [A][B][C][D]	52 [A][B][C][D]
5 [A][B][C][D]	17 [A][B][C][D]	29 [A][B][C][D]	41 [A][B][C][D]	53 [A][B][C][D]
6 [A][B][C][D]	18 [A][B][C][D]	30 [A][B][C][D]	42 [A][B][C][D]	54 [A][B][C][D]
7 [A][B][C][D]	19 [A][B][C][D]	31 [A][B][C][D]	43 [A][B][C][D]	55 [A][B][C][D]
8 [A][B][C][D]	20 [A][B][C][D]	32 [A][B][C][D]	44 [A][B][C][D]	56 [A][B][C][D]
9 [A][B][C][D]	21 [A][B][C][D]	33 [A][B][C][D]	45 [A][B][C][D]	57 [A][B][C][D]
10 [A][B][C][D]	22 [A][B][C][D]	34 [A][B][C][D]	46 [A][B][C][D]	58 [A][B][C][D]
11 [A][B][C][D]	23 [A][B][C][D]	35 [A][B][C][D]	47 [A][B][C][D]	59 [A][B][C][D]
12 [A][B][C][D]	24 [A][B][C][D]	36 [A][B][C][D]	48 [A][B][C][D]	60 [A][B][C][D]

注意：请用正楷在米字格内书写，不要在 [A][B] 上做任何标记。

61 [A][B]	62 [A][B]	63 [A][B]	64 [A][B]	65 [A][B]
66 [A][B]	67 [A][B]	68 [A][B]	69 [A][B]	70 [A][B]

书面表达（作文）

（20分钟）

（2）

作文要求

1. 写作前认真阅读作文提示，按提示要求在规定的时间内写完。
2. 每个空格写一个汉字，汉字书写要清楚工整；每个标点符号占一个空格，标点符号使用要规范。
3. 作文中不得出现跟考生有关的校名、地名和真人姓名。
4. 保持卷面整洁，不得涂划损坏答卷。

翻开此页到背面答题

注意作文格式及字数要求

中国　北京

教育部考试中心监制

白色检测区，请勿污染！

100

200

300

400

MHK

中国少数民族汉语水平等级考试（一级）答题卡

白色检测区，请勿污染！

姓　　名：________

性　　别：男▭　女▭　试卷号码：________

考 场 号：________　座 位 号：________

准考证序号：________

填涂说明

1. 答题前，考生先将自己的姓名等填写清楚。
2. 选择题必须使用2B铅笔填涂，作文必须使用黑色钢笔或签字笔书写，应字体工整、笔迹清楚。
3. 保持卷面整洁，不要折叠、弄破，不准使用涂改液、刮纸刀。
4. 填涂示例：正确填涂 ▬
   错误填涂 [A] [B] [C] [D]

贴条形码区

A

选择题

1 [A][B][C][D]	13 [A][B][C][D]	25 [A][B][C][D]	37 [A][B][C][D]	49 [A][B][C][D]
2 [A][B][C][D]	14 [A][B][C][D]	26 [A][B][C][D]	38 [A][B][C][D]	50 [A][B][C][D]
3 [A][B][C][D]	15 [A][B][C][D]	27 [A][B][C][D]	39 [A][B][C][D]	51 [A][B][C][D]
4 [A][B][C][D]	16 [A][B][C][D]	28 [A][B][C][D]	40 [A][B][C][D]	52 [A][B][C][D]
5 [A][B][C][D]	17 [A][B][C][D]	29 [A][B][C][D]	41 [A][B][C][D]	53 [A][B][C][D]
6 [A][B][C][D]	18 [A][B][C][D]	30 [A][B][C][D]	42 [A][B][C][D]	54 [A][B][C][D]
7 [A][B][C][D]	19 [A][B][C][D]	31 [A][B][C][D]	43 [A][B][C][D]	55 [A][B][C][D]
8 [A][B][C][D]	20 [A][B][C][D]	32 [A][B][C][D]	44 [A][B][C][D]	56 [A][B][C][D]
9 [A][B][C][D]	21 [A][B][C][D]	33 [A][B][C][D]	45 [A][B][C][D]	57 [A][B][C][D]
10 [A][B][C][D]	22 [A][B][C][D]	34 [A][B][C][D]	46 [A][B][C][D]	58 [A][B][C][D]
11 [A][B][C][D]	23 [A][B][C][D]	35 [A][B][C][D]	47 [A][B][C][D]	59 [A][B][C][D]
12 [A][B][C][D]	24 [A][B][C][D]	36 [A][B][C][D]	48 [A][B][C][D]	60 [A][B][C][D]

注意：请用正楷在米字格内书写，不要在[A][B]上做任何标记。

61 [A][B]　62 [A][B]　63 [A][B]　64 [A][B]　65 [A][B]

66 [A][B]　67 [A][B]　68 [A][B]　69 [A][B]　70 [A][B]

书面表达（作文）

（20分钟）

（2）

作文要求

1. 写作前认真阅读作文提示，按提示要求在规定的时间内写完。
2. 每个空格写一个汉字，汉字书写要清楚工整；每个标点符号占一个空格，标点符号使用要规范。
3. 作文中不得出现跟考生有关的校名、地名和真人姓名。
4. 保持卷面整洁，不得涂划损坏答卷。

翻开此页到背面答题

注意作文格式及字数要求

中国　北京

教育部考试中心监制

MHK

中国少数民族汉语水平等级考试（一级）答题卡

白色检测区，请勿污染！

填涂说明

1. 答题前，考生先将自己的姓名等填写清楚。
2. 选择题必须使用2B铅笔填涂，作文必须使用黑色钢笔或签字笔书写，应字体工整、笔迹清楚。
3. 保持卷面整洁，不要折叠、弄破，不准使用涂改液、刮纸刀。
4. 填涂示例：正确填涂 ▬
   错误填涂 [A] [B] [C] [D]

贴条形码区

姓　　名：________

性　　别：男▭　女▭　试卷号码：________

考 场 号：________　座 位 号：________

准考证序号：________

A ▬

选择题

1 [A][B][C][D]	13 [A][B][C][D]	25 [A][B][C][D]	37 [A][B][C][D]	49 [A][B][C][D]
2 [A][B][C][D]	14 [A][B][C][D]	26 [A][B][C][D]	38 [A][B][C][D]	50 [A][B][C][D]
3 [A][B][C][D]	15 [A][B][C][D]	27 [A][B][C][D]	39 [A][B][C][D]	51 [A][B][C][D]
4 [A][B][C][D]	16 [A][B][C][D]	28 [A][B][C][D]	40 [A][B][C][D]	52 [A][B][C][D]
5 [A][B][C][D]	17 [A][B][C][D]	29 [A][B][C][D]	41 [A][B][C][D]	53 [A][B][C][D]
6 [A][B][C][D]	18 [A][B][C][D]	30 [A][B][C][D]	42 [A][B][C][D]	54 [A][B][C][D]
7 [A][B][C][D]	19 [A][B][C][D]	31 [A][B][C][D]	43 [A][B][C][D]	55 [A][B][C][D]
8 [A][B][C][D]	20 [A][B][C][D]	32 [A][B][C][D]	44 [A][B][C][D]	56 [A][B][C][D]
9 [A][B][C][D]	21 [A][B][C][D]	33 [A][B][C][D]	45 [A][B][C][D]	57 [A][B][C][D]
10 [A][B][C][D]	22 [A][B][C][D]	34 [A][B][C][D]	46 [A][B][C][D]	58 [A][B][C][D]
11 [A][B][C][D]	23 [A][B][C][D]	35 [A][B][C][D]	47 [A][B][C][D]	59 [A][B][C][D]
12 [A][B][C][D]	24 [A][B][C][D]	36 [A][B][C][D]	48 [A][B][C][D]	60 [A][B][C][D]

注意：请用正楷在米字格内书写，不要在[A][B]上做任何标记。

61 [A][B]	62 [A][B]	63 [A][B]	64 [A][B]	65 [A][B]
66 [A][B]	67 [A][B]	68 [A][B]	69 [A][B]	70 [A][B]

书面表达（作文）

（20分钟）

（2）

作文要求

1. 写作前认真阅读作文提示，按提示要求在规定的时间内写完。
2. 每个空格写一个汉字，汉字书写要清楚工整；每个标点符号占一个空格，标点符号使用要规范。
3. 作文中不得出现跟考生有关的校名、地名和真人姓名。
4. 保持卷面整洁，不得涂划损坏答卷。

翻开此页到背面答题

注意作文格式及字数要求

中国　北京

教育部考试中心监制

白色检测区，请勿污染！